英検 ランク順

英検® 2級 英単語

1750

単語＋熟語・会話表現

Gakken

はじめに

　本書は英検2級の合格やスコアアップを目指す皆さんが，英単語＆熟語を効率的に覚えられるように編まれたものです。最新の過去問20回超のデータベースの分析を基に，編集部で検討を重ね，今後も英検に出題される可能性の高い単語・熟語1750をまとめました。

◎最新過去問データベースを基に「出る」表現を厳選！

　最新の20回超分の過去問分析から作成した頻度表を基に，英検によく出題されている英単語を「ランク順」に掲載しました。熟語については頻出の521を厳選した上で，覚えやすいように「型」や「カテゴリー」ごとに分類し掲載しました。また，会話問題，リスニング，二次試験を攻略する上で核となる会話表現も120収録しています。

◎全ての見出し語に「出る」＆「使える」用例付き！

　一つ一つの見出し語がどのように使われるかが分かるように，全ての見出し語に用例を付けました。用例のフレーズや例文は，英検過去問データベースだけでなく，10年超分の国公立・私立大学の入試問題のデータベースも参照し，最頻出のものを厳選しました。全ての用例はネイティブスピーカーによる検証を経て，覚えやすさを追求して作成されており，覚えておけば英検の試験だけでなく，大学入試，日常会話でも役立つものばかりです。

◎アプリ＆ダウンロード音声など学習ツールも充実！

　1750もの単語＆熟語は，本書を単に読んだだけでは覚え切れるものではありません。皆さんの学習をサポートすべく，本書に対応したアプリとダウンロード音声を無料でご用意しています。本書とアプリ，音声を存分に活用して，使える単語＆熟語をしっかり身に付けてください。

　本書で単語＆熟語を学習した皆さんが英検合格や目標スコアの達成をされることを心よりお祈りしています。

　最後に，本書の刊行に当たり，英検データベース構築，データ監修など多大なご協力をいただきました，Lago言語研究所の赤瀬川史朗先生に深く感謝の意を表します。

2018年3月
学研編集部

ランク順 英検2級英単語1750

👑 本書の特長

本書は，最新の過去問 20 回超のデータベースの分析を基に，英検 2 級でよく出題される単語を「ランク順」に掲載しています。訳語や用例も，英検 2 級で出題されたものを厳選して掲載しているので，英検 2 級に必要な単語を効率的に覚えられます。また，熟語については，頻出の 521 を厳選し，「型」や「カテゴリー」ごとに分類することで効率的に学べるようになっています。

見出し語は英検に出る「ランク順」に掲載！

見出し語は，最頻出のものから「ランク順」に掲載しているので，本当に必要なものから効率よく学ぶことができます。

訳語は英検に出るものを厳選！

訳語は，英検で最頻出のものを厳選して掲載しているので，英検で問われる意味を確実に覚えることができます。

頻出の例文を，覚えやすい形で掲載！

用例は，英検や大学入試問題のデータベースから最頻出のものを厳選し，覚えやすさを追求して作成しました。

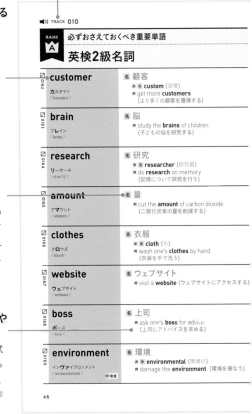

◀)) TRACK 010

RANK **A**　必ずおさえておくべき重要単語
英検2級名詞

☑ 0162 **customer**
カスタマァ
/ kʌ́stəmɚ /
名 顧客
派 名 custom（習慣）
用 get more customers（より多くの顧客を獲得する）

☑ 0163 **brain**
ブレイン
/ breɪn /
名 脳
用 study the **brains** of children（子どもの脳を研究する）

☑ 0164 **research**
リサーチ
/ rɪsə́ːtʃ /
名 研究
派 名 researcher（研究員）
用 do **research** on memory（記憶について研究を行う）

☑ 0165 **amount**
アマウント
/ əmáʊnt /
名 量
用 cut the **amount** of carbon dioxide（二酸化炭素の量を削減する）

☑ 0166 **clothes**
クロウズ
/ kloʊð /
名 衣服
派 名 cloth（布）
用 wash one's **clothes** by hand（衣服を手で洗う）

☑ 0167 **website**
ウェブサイト
/ wébsaɪt /
名 ウェブサイト
用 visit a **website**（ウェブサイトにアクセスする）

☑ 0168 **boss**
ボース
/ bɔːs /
名 上司
用 ask one's **boss** for advice（上司にアドバイスを求める）

☑ 0169 **environment**
インヴァイロンメント
/ ɪnváɪərənmənt /
🔊発音
名 環境
派 形 environmental（環境の）
用 damage the **environment**（環境を損なう）

46

音声＆アプリを無料で用意！

「見出し語」「訳」「用例」を収録した音声と，本書に掲載している単語をクイズ形式で確認できるアプリを無料でご利用いただけます。スマートフォンなどに取り込めば，いつでもどこでも学習が可能です。
（詳しい情報は → 7 ページ）

巻頭に「トピック別に覚える重要表現」！

巻頭には，英検でよく出題されるトピックに関する重要表現を掲載しています。イラストと共に整理して覚えることで，語彙（ごい）や読解問題はもちろん，ライティングやスピーキングにも役立つ幅広い単語力が身に付きます。

「まとめてCheck！」で単語力を拡張！

「まとめて Check！」では，類語や反意語などの情報をまとめて紹介しています。単語力の拡張に役立てましょう。

TART

1750語

単語編

RANK A

名詞

☑0170 **expert**
エクスパート
/ ékspə:t /
🔊アク
名 専門家
例 according to **experts**（専門家によると）

☑0171 **presentation**
プレゼンテイション
/ prìːzentéɪʃən /
名 プレゼンテーション
派 動 **present**（を発表する）
例 give a **presentation** to clients
（顧客にプレゼンを行う）

☑0172 **manager**
マネチァ
/ mǽnɪdʒə /
🔊発音
名 責任者
派 動 **manage**（を管理する）
例 become a sales **manager**（販売部長になる）

☑0173 **charity**
チャリティ
/ tʃǽrəti /
名 慈善
派 形 **charitable**（慈善のための）
例 raise money for a **charity**
（慈善活動のためにお金を募る）

☑0174 **material**
マティアリアル
/ mətíəriəl /
名 原料
例 building **material** made from recycled plastic（リサイクルされたプラスチックから作られた建材）

☑0175 **staff**
スタッフ
/ stæf /
名 従業員
例 a member of the security **staff**
（警備スタッフのメンバー）

☑0176 **fuel**
フューエル
/ fjúːəl /
名 燃料
例 use fossil **fuels**（化石燃料を使う）

☑0177 **tour**
トゥア
/ tʊə /
名 見学
派 名 **tourist**（旅行者）
例 take a **tour** of the factory（工場を見学する）

まとめてCheck！	関連語をCheck！－clothes(衣服)		
suit	スーツ	sweater	セーター
coat	コート	shirt	シャツ
jacket	ジャケット	jeans	ジーンズ
skirt	スカート	pants	ズボン

47

5

この本の記号と表記

品詞や派生語などの記号

動 ……動詞
名 ……名詞
形 ……形容詞
副 ……副詞
前 ……前置詞
接 ……接続詞

派 …… 派生語
例 …… 用例
●発音 …… 発音に注意を要する語
🎤アク …… アクセントに注意を要する語

語句表示

[　　] ……言い換え可能
(　　) ……省略可能・補足説明
do ……原形動詞
to do ……不定詞
doing ……動名詞・現在分詞

done ……過去分詞
one ……文の主語と同じ人を表す
a person ……文の主語とは違う人を表す
A, B ……対照的な語句

動詞句の見出し表記

　〈他動詞＋副詞〉型の動詞句は，「bring down」のように，目的語の位置を「〜」で示さない形で掲載しています。以下のように，目的語が名詞の場合と代名詞の場合で語順が違うので注意しましょう。
目的語が名詞の場合：〈動詞＋副詞＋名詞〉〈動詞＋名詞＋副詞〉のどちらも可
目的語が代名詞の場合：〈動詞＋代名詞＋副詞〉の語順になる

発音記号

　発音記号は原則として『アンカーコズミカ英和辞典』（学研）に準拠しています。複数の発音がある場合は主要な物を表記し，米音と英音が異なる場合は主に米音を表記しました。

　また，本書ではカタカナによる発音表記もしていますが，英語の発音をカタカナで正確に表すのは困難です。発音記号に慣れるまでの手掛かりとして参考にしてください。なお太字は強く読む部分を表しています。

無料アプリ・無料音声について
(iPhone, Android両対応)（MP3形式）

本書に掲載している 1750 の単語・熟語をクイズ形式で確認できるアプリと，1750 の単語・熟語と会話表現すべての「見出し語」とその「訳」，「例文」を収録した音声を無料でご利用いただけます。

アプリのご利用方法

携帯端末から下記の URL にアクセスしてください。

https://gakken-ep.jp/extra/rankjun

※ iPhone の方は Apple ID, Android の方は Google アカウントが必要です。
　対応 OS や対応機種については，各ストアでご確認ください。

音声のご利用方法

パソコンから下記の URL にアクセスしてください。

https://hon.gakken.jp/download/rankjun

※ダウンロードできるのは，圧縮された MP3 形式の音声ファイルです。再生するには，ファイルを解凍するソフトと，iTunes や Windows Media Player などの再生ソフトが必要です。

お客様のネット環境および携帯端末によりアプリを利用できない場合や，お客様のパソコン環境により音声をダウンロード・再生できない場合，当社は責任を負いかねます。ご理解，ご了承をいただきますよう，お願いいたします。

1 自然

solar system
太陽系

Sun
太陽

Venus
金星

Earth
地球

Mercury
水星

moon
月

globe
地球・(儀)

Arctic
北極地方

equator
赤道

Antarctic
南極地方

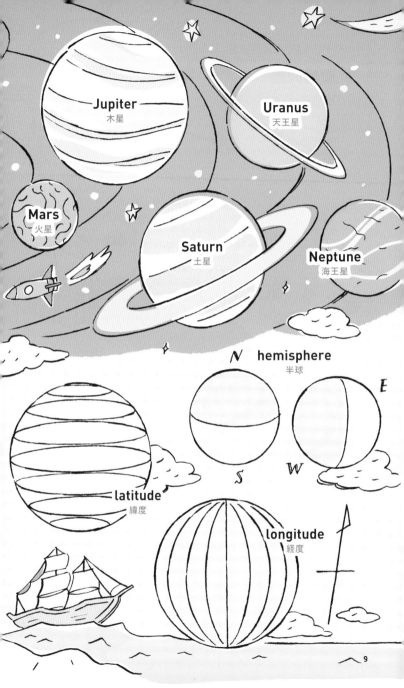

Jupiter
木星

Uranus
天王星

Mars
火星

Saturn
土星

Neptune
海王星

N

hemisphere
半球

E

S

W

latitude
緯度

longitude
経度

9

2 環境問題

ozone layer
オゾン層

smoke
排煙

acid rain
酸性雨

desertification
砂漠化

(bad) smell
悪臭

noise
騒音

water pollution
水質汚染

vibration
振動

wastewater
廃水

soil pollution
土壌汚染

global warming
地球温暖化

carbon dioxide
二酸化炭素

greenhouse gas
温室効果ガス

air pollution
大気汚染

chlorofluorocarbon
フロンガス

tree-planting campaign
緑化運動

exhaust gas
排気ガス

waste
廃棄物

solar battery
太陽電池

electric car
電気自動車

water saving
節水

power saving
節電

hybrid car
ハイブリッドカー

environmental protection
環境保護

reduce
を減らす

reuse
を再利用する

recycle
をリサイクルする

11

3 社会問題

labor
労働

part-time job
アルバイト
part-timer
アルバイター
job-hopping part-timer
フリーター
regular employee
正社員
contract employee
契約社員
temporary employee
派遣社員
NEET
ニート

unemployment
失業

living
生活

drug addiction
薬物中毒
drug dependence
薬物依存

difference
格差

wealth
裕福

poverty
貧困

homeless person
ホームレス

drug
麻薬

domestic violence
家庭内暴力

child abuse
児童虐待

4 ビジネス

enterprise
企業

personnel affairs
人事

accounting
経理

sales
営業

marketing
マーケティング

public relations
広報

stock
在庫

trade
貿易

import
輸入

export
輸出

processing trade
加工貿易

protective trade
保護貿易

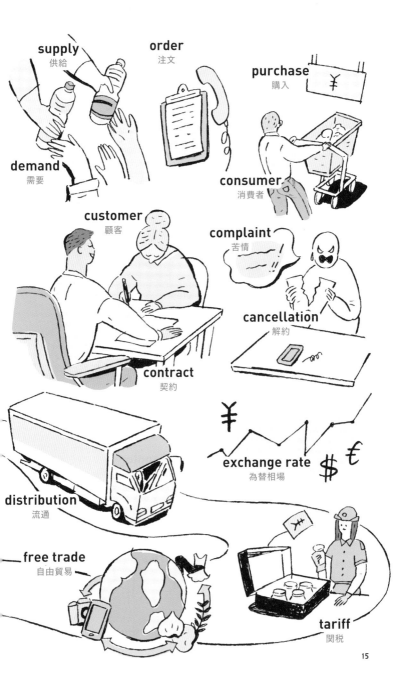

supply
供給

order
注文

purchase
購入

demand
需要

consumer
消費者

customer
顧客

complaint
苦情

cancellation
解約

contract
契約

distribution
流通

exchange rate
為替相場

free trade
自由貿易

tariff
関税

5 テクノロジー

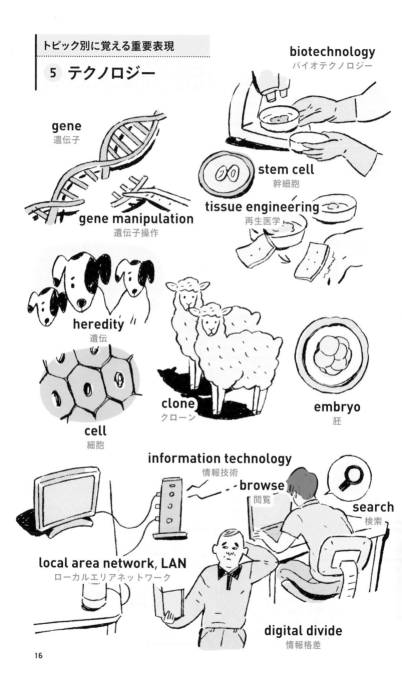

biotechnology
バイオテクノロジー

gene
遺伝子

gene manipulation
遺伝子操作

stem cell
幹細胞

tissue engineering
再生医学

heredity
遺伝

cell
細胞

clone
クローン

embryo
胚

information technology
情報技術

browse
閲覧

search
検索

local area network, LAN
ローカルエリアネットワーク

digital divide
情報格差

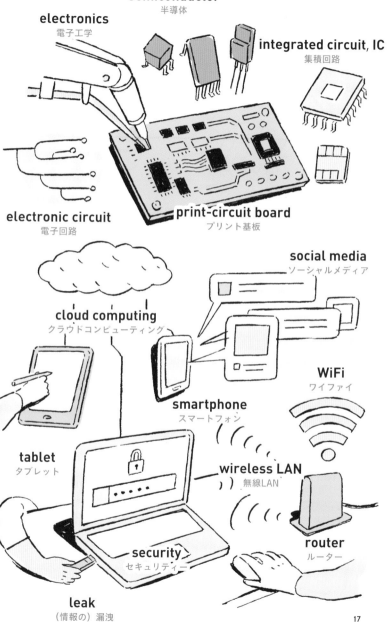

semiconductor
半導体

electronics
電子工学

integrated circuit, IC
集積回路

electronic circuit
電子回路

print-circuit board
プリント基板

social media
ソーシャルメディア

cloud computing
クラウドコンピューティング

WiFi
ワイファイ

smartphone
スマートフォン

tablet
タブレット

wireless LAN
無線LAN

security
セキュリティー

router
ルーター

leak
（情報の）漏洩

6 コミュニケーション

communication
コミュニケーション

handshake
握手

hug
抱擁

verbal communication
言語コミュニケーション

greeting
あいさつ

written language
書き言葉

spoken language
話し言葉

sign language
手話

conversation
会話

impression
印象

bow
おじぎ

kiss
キス

gesture
身振り

posture
姿勢

non-verbal communication
非言語コミュニケーション

eyes
視線

expression
表情

19

7 歴史

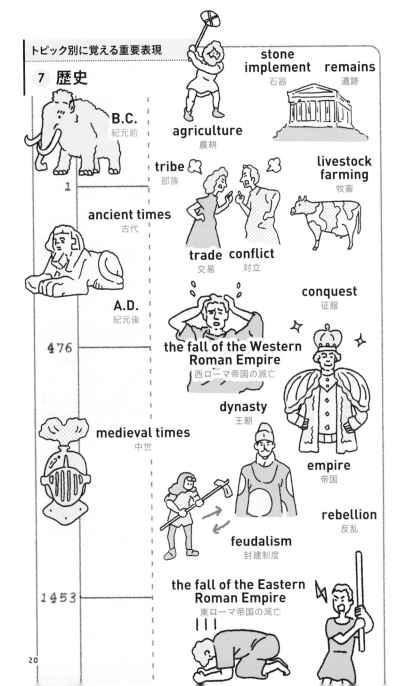

B.C.
紀元前

stone implement
石器

remains
遺跡

agriculture
農耕

tribe
部族

livestock farming
牧畜

1

ancient times
古代

trade
交易

conflict
対立

conquest
征服

A.D.
紀元後

476

the fall of the Western Roman Empire
西ローマ帝国の滅亡

dynasty
王朝

medieval times
中世

empire
帝国

rebellion
反乱

feudalism
封建制度

1453

the fall of the Eastern Roman Empire
東ローマ帝国の滅亡

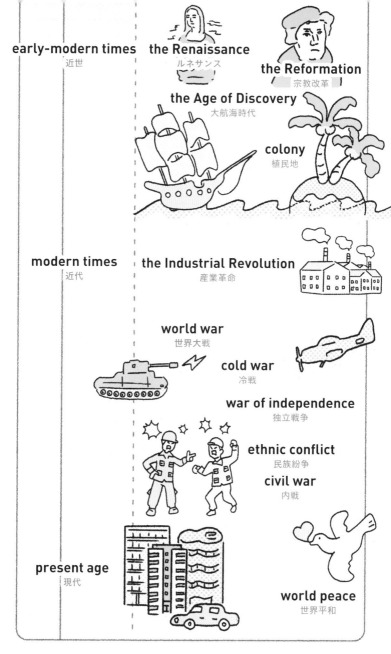

early-modern times
近世

the Renaissance
ルネサンス

the Reformation
宗教改革

the Age of Discovery
大航海時代

colony
植民地

modern times
近代

the Industrial Revolution
産業革命

world war
世界大戦

cold war
冷戦

war of independence
独立戦争

ethnic conflict
民族紛争

civil war
内戦

present age
現代

world peace
世界平和

8 経済

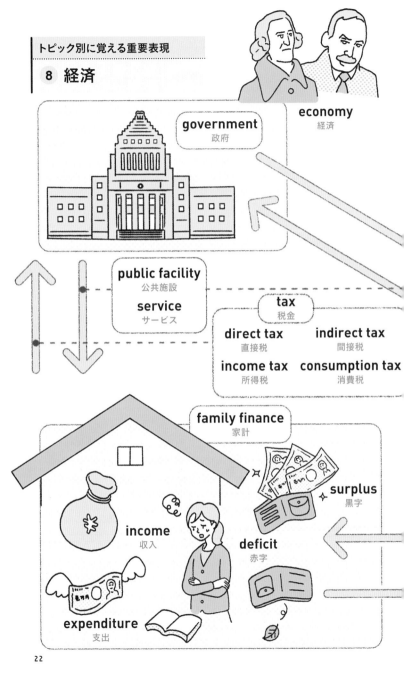

economy
経済

government
政府

public facility
公共施設

service
サービス

tax
税金

direct tax
直接税

indirect tax
間接税

income tax
所得税

consumption tax
消費税

family finance
家計

income
収入

expenditure
支出

surplus
黒字

deficit
赤字

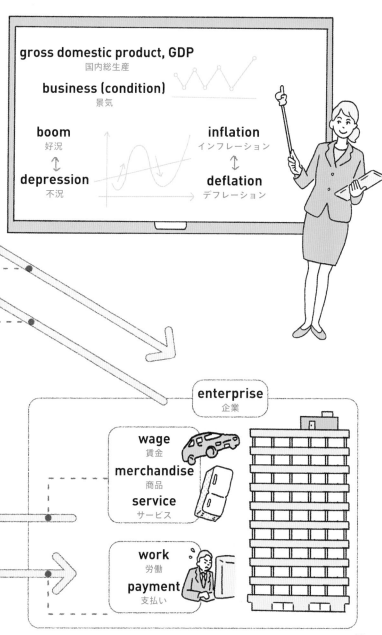

gross domestic product, GDP
国内総生産

business (condition)
景気

boom
好況

⇕

depression
不況

inflation
インフレーション

⇕

deflation
デフレーション

enterprise
企業

wage
賃金

merchandise
商品

service
サービス

work
労働

payment
支払い

9 医療

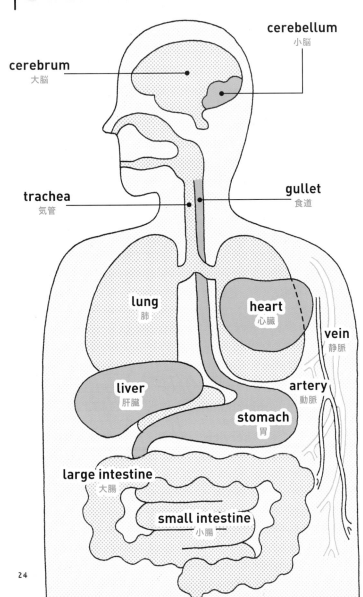

symptom
症状

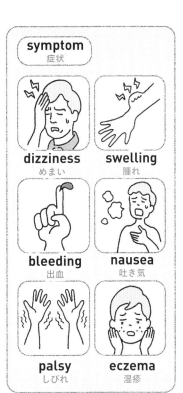

dizziness
めまい

swelling
腫れ

bleeding
出血

nausea
吐き気

palsy
しびれ

eczema
湿疹

disease
疾患

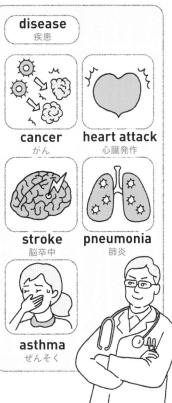

cancer
がん

heart attack
心臓発作

stroke
脳卒中

pneumonia
肺炎

asthma
ぜんそく

medical treatment
治療

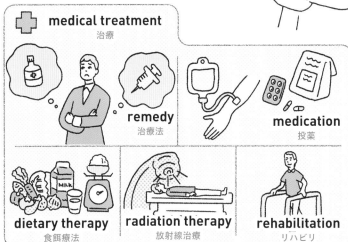

remedy
治療法

medication
投薬

dietary therapy
食餌療法

radiation therapy
放射線治療

rehabilitation
リハビリ

単語編

RANK

必ずおさえておくべき重要単語

RANK A で掲載されているのは英検 2 級を受検するに当たって，必ずおさえておくべき重要単語です。掲載されている単語は文法・読解・英作文など，あらゆる領域で必須の単語ばかりです。確実に覚えて，使いこなせるようにしましょう。

RANK
A

必ずおさえておくべき重要単語

英検2級動詞

0001

let

レット
/ let /

動 に〜させる
例 **let** a person drive one's car
（人に自分の車を運転させる）

0002

leave

リーヴ
/ líːv /

動 を置き忘れる
例 **leave** one's cell phone on a train
（電車に携帯電話を置き忘れる）

0003

create

クリエイト
/ kriéit /

動 を生み出す
派 形 **creative**（創造的な）
例 **create** jobs in the city（都市の職を創出する）

0004

pay

ペイ
/ péi /

動 を支払う
派 名 **payment**（支払い）
例 **pay** the electric bill
（電気代を支払う）

0005

run

ラン
/ rʌ́n /

動 を経営する
派 名 **running**（経営）
例 **run** a hospital（病院を経営する）

0006

cause

コーズ
/ kɔ́ːz /　　●発音

動 を引き起こす
派 形 **causal**（原因の）
例 **cause** air pollution（大気汚染を引き起こす）

0007

allow

アラウ
/ əláu /　　●発音

動 を許す
派 名 **allowance**（許容）
例 **allow** one's child to play video games
（自分の子どもがテレビゲームをするのを許す）

0008

develop

ディヴェロプ
/ divéləp /　　●アク

動 を発展させる
派 名 **development**（発達）
例 **develop** social skills
（社会的なスキルを発達させる）

☑ 0009	**reduce** リデュース / rɪdjúːs /	動 を減らす 派 名 **reduction**（減少） 例 **reduce** the cost of medical care （医療費を減らす）
☑ 0010	**drive** ドゥライヴ / draɪv /	動 を（ある状態に）追いやる 派 名 **driver**（運転する人） 例 **drive** a person into poverty （人を貧困に追い込む）
☑ 0011	**meet** ミート / miːt /	動 を満たす 派 名 **meeting**（会議） 例 **meet** the needs of customers （顧客のニーズを満たす）
☑ 0012	**suggest** サグヂェスト / səgdʒést /	動 を提案する 派 名 **suggestion**（提案） 例 **suggest** the possibility of a new treatment （新しい治療法の可能性を提案する）
☑ 0013	**improve** インプルーヴ / ɪmprúːv /	動 を改善する 派 名 **improvement**（改善） 例 **improve** work methods （作業方法を改善する）
☑ 0014	**check** チェック / tʃek /	動 をチェックする 例 **check** the weather report in a newspaper （新聞の天気予報をチェックする）
☑ 0015	**provide** プロヴァイド / prəváɪd /	動 を提供する 派 名 **provision**（提供） 例 **provide** the best education to students （生徒に最高の教育を提供する）
☑ 0016	**increase** インクリース / ɪnkríːs / 🎤アク	動 を増加させる 名 / ínkriːs / 増加 派 形 **increasing**（次第に増える） 例 **increase** one's income（収入を増やす）
☑ 0017	**lead** リード / liːd /	動 つながる 派 形 **leading**（主要な） 例 **lead** to heart disease（心臓病につながる）

☑ 0018 cancel

キャンセル
/ kǽnsəl /

動 を取り消す
派 名 **cancellation** (取り消し)
例 **cancel** one's trip to Hawaii
（ハワイ旅行をキャンセルする）

☑ 0019 damage

ダメヂ
/ dǽmɪdʒ /
●発音

動 に損害を与える
派 形 **damaging** (有害な)
例 **damage** the environment
（環境に害を与える）

☑ 0020 raise

レイズ
/ reɪz /
●発音

動 (金)を集める
例 **raise** money to help disabled people
（身体障害者を援助するためにお金を募る）

☑ 0021 recommend

レコメンド
/ rèkəménd /

動 を推奨する
派 名 **recommendation** (推薦)
例 **recommend** a good restaurant
（いいレストランを薦める）

☑ 0022 follow

ファロウ
/ fɑ́:loʊ /

動 に従う
派 形 **following** (次の)
例 **follow** the instructions （指示に従う）

☑ 0023 protect

プロテクト
/ prətékt /

動 を保護する
派 名 **protection** (保護)
例 **protect** one's skin with sunscreen
（日焼け止めローションで肌を守る）

☑ 0024 avoid

アヴォイド
/ əvɔ́ɪd /

動 を避ける
派 名 **avoidance** (回避)
例 **avoid** paying high taxes
（高い税金の支払いを避ける）

☑ 0025 contain

コンテイン
/ kəntéɪn /

動 を含む
派 名 **container** (容器)
例 food that **contains** a lot of sugar
（砂糖を大量に含む食べ物）

☑ 0026 offer

オーファ
/ ɔ́:fəʳ /

動 と申し出る
派 名 **offering** (ささげ物)
例 **offer** to help the man
（その男性を助けようと申し出る）

動詞

☑ 0027 **repair** リペア / rɪpéər /	動 **を修理する** 例 **repair** a machine（機械を修理する）
☑ 0028 **attend** アテンド / əténd /	動 **に出席する** 派 名 **attendance**（出席） 例 **attend** a meeting（会議に出席する）
☑ 0029 **expect** イクスペクト / ɪkspékt /	動 **を予期する** 派 名 **expectation**（期待） 例 We're **expecting** a big storm. （大嵐になりそうだ。）
☑ 0030 **add** アッド / æd /	動 **を加える** 派 名 **addition**（追加） 例 **add** some salt to water （水に多少の塩を加える）
☑ 0031 **guess** ゲス / ges / ●発音	動 **を推測する** 例 **guess** that she is over 40 （彼女は 40 歳を越えているだろうと推測する）
☑ 0032 **treat** トゥリート / tríːt /	動 **を治療する** 派 名 **treatment**（治療） 例 **treat** a patient（患者を治療する）
☑ 0033 **design** ディザイン / dɪzáɪn /	動 **をデザインする, 設計する** 派 名 **designer**（デザイナー） 例 **design** a car（車の設計をする）
☑ 0034 **donate** ドウネイト / dóʊneɪt /	動 **を寄付する** 派 名 **donation**（寄付(金)） 例 **donate** money to a charity （慈善団体に献金する）
☑ 0035 **encourage** エンカ〜レヂ / ɪnkə́ːrɪdʒ /	動 **に勧める, を励ます** 派 名 **encouragement**（励ますこと） 例 **encourage** a person to read that book （人にその本を読むよう勧める）

☑ 0036	**perform** パフォーム / pəˈfɔːˈm /	動 上演する 派 名 **performance**(上演） 例 **perform** at a theater（劇場で演技する）
☑ 0037	**agree** アグリー / əgríː /	動 に同意する 派 名 **agreement**（同意） 例 **agree** to pay some money （お金を払うことに同意する）
☑ 0038	**remove** リムーヴ / rɪmúːv /	動 を取り除く 派 名 **removal**（除去） 例 **remove** poisonous chemicals from water （水から有毒化学物質を取り除く）
☑ 0039	**affect** アフェクト / əfékt /	動 に影響を及ぼす 派 名 **affection**（愛情） 例 be **affected** by the temperature （気温の影響を受ける）
☑ 0040	**contact** カンタクト / kɑːntækt /	動 と連絡を取る 例 **contact** a person by e-mail （メールで人と連絡を取る）
☑ 0041	**continue** コンティニュー / kəntínjuː /	動 を続ける 派 名 **continuation**（継続） 例 **continue** to work（働き続ける）
☑ 0042	**discuss** ディスカス / dɪskás /　🎤アク	動 について話し合う 派 名 **discussion**（議論） 例 **discuss** the problem （その問題について話し合う）
☑ 0043	**fix** フィクス / fiks /	動 を修理する 派 名 **fixture**（備品） 例 **fix** a computer（コンピューターを修理する）
☑ 0044	**hire** ハイア / hάɪəˈ /	動 を雇う 例 **hire** new workers（新たな労働者を雇う）

☑ 0045

include
インク**ルー**ド
/ ɪnklúːd /

動 を含める
派 前 **including**（〜を含めて）
例 **include** a person's name on the list
（人の名前をリストに入れる）

☑ 0046

recycle
リー**サ**イクル
/ ríːsàɪkəl /

動 をリサイクルする
派 名 **recycling**（リサイクル）
例 **recycle** cans（缶をリサイクルする）

☑ 0047

complain
コンプ**レ**イン
/ kəmpléɪn /

動 不平を言う
派 名 **complaint**（不平）
例 **complain** about the price to a person
（値段に関して人に文句を言う）

☑ 0048

invent
イン**ヴェ**ント
/ ɪnvént /

動 を発明する
派 名 **invention**（発明）
例 **invent** a new device（新しい装置を考案する）

☑ 0049

attract
アト**ゥラ**クト
/ ətrǽkt /

動 を引きつける
派 名 **attraction**（魅力）
例 **attract** a lot of customers to the store
（その店に多くの客を引き寄せる）

☑ 0050

bear
ベア
/ beəʳ /

動 (責任など)を負う
派 形 **bearable**（我慢できる）
例 **bear** responsibility for the damage
（損害の責任を負う）

☑ 0051

prepare
プリ**ペ**ア
/ prɪpéəʳ /

動 準備をする
派 名 **preparation**（準備）
例 **prepare** for a trip（旅行の準備をする）

☑ 0052

publish
パブリシュ
/ pʌ́blɪʃ /

動 を出版する
派 名 **publisher**（出版社）
例 **publish** a novel（小説を出版する）

☑ 0053

replace
リプ**レ**イス
/ rɪpléɪs /

動 を取り換える
派 名 **replacement**（取り換え）
例 **replace** workers with robots
（労働者をロボットと取り換える）

33

☑ 0054	**rise** ライズ / raɪz /	動 (温度・物価などが)**上がる** 派 形 **rising**（上昇する） 例 **rise** to 30 degrees Celsius （セ氏 30 度まで上がる）
☑ 0055	**consider** コンス**ィ**ダ / kənsídəʳ /	動 **を熟考する** 派 名 **consideration**（熟考） 例 **consider** taking a trip to Hokkaido （北海道旅行を検討する）
☑ 0056	**deliver** ディ**リ**ヴァ / dɪlívəʳ /	動 **を配達する** 派 名 **delivery**（配達） 例 **deliver** pizza to a customer （客にピザを届ける）
☑ 0057	**kill** キル / kɪl /	動 (時間)**をつぶす** 派 名 **killer**（殺人者） 例 **kill** time（時間をつぶす）
☑ 0058	**organize** **オ**ーガナイズ / ɔ́ːʳɡənaɪz /	動 **を準備する** 派 名 **organization**（準備） 例 **organize** a party（パーティーの手配をする）
☑ 0059	**steal** ス**ティ**ール / stiːl /	動 **を盗む** 派 名 **stealth**（内密に行うこと） 例 **steal** money from a person's wallet （人の財布から金を盗む）
☑ 0060	**fill** **フ**ィル / fɪl /	動 **を満たす** 派 名 **filling**（詰め物） 例 **fill** a bottle with water （瓶を水でいっぱいにする）
☑ 0061	**graduate** グ**ラ**ヂュエイト / ɡrǽdʒueɪt /	動 **卒業する** 派 名 **graduation**（卒業） 例 **graduate** from college（大学を卒業する）
☑ 0062	**lend** **レ**ンド / lend /	動 **を貸す** 派 名 **lender**（貸す人） 例 **lend** a person some money （人にいくらかお金を貸す）

☑ 0063	**base** ベイス / beɪs /	動 の基礎を置く 派 形 **basic**（基礎の） 例 The novel is **based** on fact. （その小説は事実に基づいている。）
☑ 0064	**focus** フォウカス / fóʊkəs /	動 注意を集中する 派 形 **focal**（焦点の） 例 **focus** on one's studies（勉強に集中する）
☑ 0065	**marry** マリィ / mæri /	動 と結婚する 派 名 **marriage**（結婚） 例 get **married** to a person（人と結婚する）
☑ 0066	**prevent** プリヴェント / prɪvént /	動 を妨げる 派 名 **prevention**（防止） 例 **prevent** traffic accidents from happening （交通事故が起きないようにする）
☑ 0067	**rent** レント / rent /	動 を賃借する 派 形 **rental**（レンタルの） 例 **rent** a car（車を賃借りする）
☑ 0068	**require** リクワイア / rɪkwáɪəʳ /	動 に要求する 派 名 **requirement**（必要なもの） 例 be **required** to wear a tie （ネクタイの着用が求められている）
☑ 0069	**suffer** サファ / sʌ́fəʳ /	動 苦しむ 派 名 **suffering**（苦しみ） 例 **suffer** from an illness（病気にかかる）
☑ 0070	**support** サポート / səpóːʳt /	動 を支援する 派 名 **supporter**（支援者） 例 **support** developing countries （発展途上国に援助する）
☑ 0071	**accept** アクセプト / əksépt /	動 を受け付ける 派 名 **acceptance**（受け入れること） 例 **accept** credit cards （クレジットカードを受け付ける）

☑ 0072	**announce** アナウンス / ənáuns /	動 **を発表する** 派 名 **announcement** (発表) 例 **announce** that one has left the band （バンドを辞めたことを公表する）
☑ 0073	**control** コントゥロウル / kəntróol /	動 **を制御する** 派 名 **controller** (制御装置) 例 **control** a device using a computer （コンピューターを使ってその装置を制御する）
☑ 0074	**cover** カヴァ / kávəʳ /	動 **を覆う** 派 名 **covering** (覆い) 例 be **covered** with grass（草に覆われている）
☑ 0075	**own** オウン / oon /	動 **を所有する** 派 名 **owner** (所有者) 例 **own** a car（車を所有する）
☑ 0076	**taste** ティスト / teist /	動 **味がする** 派 形 **tasty** (味の良い) 例 **taste** good（おいしい）
☑ 0077	**advertise** アドゥヴァタイズ / ædvəʳtaiz /　●発音	動 **を宣伝する** 派 名 **advertisement** (広告) 例 **advertise** an event（イベントの宣伝をする）
☑ 0078	**appear** アピア / əpiaʳ /	動 **現れる** 派 名 **appearance** (出現) 例 **appear** on the list of names （名前のリストに載っている）
☑ 0079	**charge** チャーヂ / tʃɑːʳdʒ /	動 **を請求する** 例 **charge** a person a fee （人に料金を請求する）
☑ 0080	**gather** ギャザァ / gæðəʳ /	動 **を集める** 派 名 **gathering** (収集) 例 **gather** data（データを集める）

START

1750語

25%　50%　75%　100%

単語編

RANK
A

動詞

名詞

形容詞・副詞

☑ 0081 **prefer**

プリ**ファ**〜
/ prifə́ːʳ /

動 の方を好む

派 名 **preference**（好むこと）
例 **prefer** to live in the country
（田舎に住む方を好む）

☑ 0082 **realize**

リー**ア**ライズ
/ ríːəlaɪz /

動 をはっきり理解する

派 名 **realization**（理解）
例 He **realized** that he had forgotten to call her.
（彼は彼女に電話するのを忘れたことに気付いた。）

☑ 0083 **release**

リ**リー**ス
/ rɪlíːs /

動 を放出する

例 **release** carbon dioxide into the air
（大気中に二酸化炭素を放出する）

☑ 0084 **remind**

リ**マ**インド
/ rɪmáɪnd /

動 に思い出させる, 気付かせる

派 名 **reminder**（思い出させるもの）
例 **remind** a person to follow the rules
（ルールに従うよう人に念を押す）

☑ 0085 **search**

サ〜チ
/ sə́ːʳtʃ /

動 捜す

派 名 **searcher**（捜索者）
例 **search** for dinosaur bones（恐竜の骨を捜す）

☑ 0086 **serve**

サ〜ヴ
/ sə́ːʳv /

動 （食べ物）を出す

派 名 **service**（給仕）
例 **serve** delicious food（おいしい食べ物を出す）

☑ 0087 **spread**

ス**プ**レッド
/ spred /
●発音

動 広まる

例 **spread** around the world（世界中に広まる）

☑ 0088 **attach**

ア**タ**ッチ
/ ətǽtʃ /

動 を添付する

派 名 **attachment**（取り付け）
例 **attach** a list to an e-mail
（メールにリストを添付する）

☑ 0089 **face**

フェイス
/ feɪs /

動 に直面する

派 形 **facial**（顔の）
例 **face** a problem（問題に直面する）

☑ 0690	**harm** ハーム / hɑːˈm /	動 に害を与える 派 形 **harmful**（有害な） 例 **harm** the environment（環境を害する）
☑ 0691	**print** プリント / prɪnt /	動 を印刷する 派 名 **printer**（印刷機） 例 **print** a poster（ポスターを印刷する）
☑ 0692	**promote** プロモウト / prəmóut /	動 を促進する 派 名 **promotion**（促進） 例 **promote** health（健康を増進させる）
☑ 0693	**quit** クウィット / kwɪt /	動 を辞める 例 **quit** one's job（仕事を辞める）
☑ 0694	**relax** リラクス / rɪlǽks /	動 くつろぐ 派 名 **relaxation**（息抜き） 例 **relax** at home（家でくつろぐ）
☑ 0695	**apply** アプライ / əplái /	動 申し込む 派 名 **application**（申し込み） 例 **apply** for a job（仕事に応募する）
☑ 0696	**connect** コネクト / kənékt /	動 をつなぐ 派 名 **connection**（接続） 例 **connect** a computer to the Internet （コンピューターをインターネットに接続する）
☑ 0697	**cure** キュア / kjʊəˈ /	動 を治療する 例 **cure** a disease（病気を治す）
☑ 0698	**gain** ゲイン / geɪn /	動 を得る 派 形 **gainful**（もうかる） 例 **gain** a skill（技術を獲得する）

☐ 0099	**involve** イン**ヴァ**ルヴ / ınvάːlv /	動 を(必然的に)**含む** 派 名 **involvement**（関わり合い） 例 **involve** risk（危険をはらむ）
☐ 0100	**promise** プ**ラ**ミス / prάːmıs /	動 を**約束する** 派 形 **promising**（有望な） 例 **promise** to do one's best （最善を尽くすと約束する）
☐ 0101	**remain** リ**メ**イン / rıméın /	動 (周囲が変化しても)**～のまま残る** 派 名 **remainder**（残り） 例 **remain** clean（きれいなままでいる）
☐ 0102	**suppose** サ**ポ**ウズ / səpóʊz /	動 **と思う** 派 名 **supposition**（推測） 例 I **suppose** so.（そう思いますよ。）
☐ 0103	**apologize** ア**パ**ロヂャイズ / əpάːlədʒaız /	動 **謝罪する** 派 名 **apology**（謝罪） 例 **apologize** for the inconvenience （不便をかけたことを謝る）
☐ 0104	**arrange** ア**レ**インヂ / əréındʒ /	動 の手はずを**整える** 派 名 **arrangement**（準備） 例 **arrange** programs for students （学生たちのためにプログラムの準備をする）
☐ 0105	**concentrate** **カ**ンセントゥレイト / kάːnsəntreıt / 🎤アク	動 **集中する** 派 名 **concentration**（集中） 例 **concentrate** on the job（仕事に集中する）
☐ 0106	**conclude** コンク**ルー**ド / kənklúːd /	動 **と結論を下す** 派 名 **conclusion**（結論） 例 **conclude** that our decision is correct （われわれの決定は正しいと結論を下す）
☐ 0107	**decrease** ディーク**リー**ス / díːkriːs /	動 **減る** 名 / díːkriːs / 減少 派 形 **decreasing**（次第に減少する） 例 **decrease** in number（数が減少する）

☑ 0108

delay

ディレイ
/ dɪléɪ /

動 を遅らせる
名 遅延, 延期
例 be **delayed** by 20 minutes (**20**分遅れる)

☑ 0109

examine

イグ**ザ**ミン
/ ɪɡzǽmɪn /

動 を検査する
派 名 **examination** (検査)
例 **examine** a patient's blood
(患者の血液を検査する)

☑ 0110

feed

フィード
/ fiːd /

動 に食物を与える
派 名 **food** (食べ物)
例 **feed** a dog (犬に餌をやる)

☑ 0111

last

ラスト
/ lǽst /

動 (物が)もつ
派 形 **lasting** (永続的な)
例 **last** a long time (長持ちする)

☑ 0112

lower

ロウア
/ lóʊəʳ /

動 を下げる
派 形 **low** (低い)
例 **lower** the price of the product
(その製品の値段を下げる)

☑ 0113

preserve

プリ**ザ**～ヴ
/ prɪzə́ːʳv /

動 を保護する
派 名 **preservation** (保護)
例 **preserve** books in a special room
(特別な部屋に本を保管する)

☑ 0114

sail

セイル
/ seɪl /

動 航行する
派 名 **sailor** (船員)
例 **sail** west from Britain
(英国から西へ航海する)

☑ 0115

spin

ス**ピ**ン
/ spɪn /

動 回転する
例 **spin** around in a circle
(円を描いてくるくる回る)

☑ 0116

stick

ス**ティ**ック
/ stɪk /

動 くっつく
派 形 **sticky** (べとべとする)
例 **stick** to a wall (壁にくっつく)

☑ 0117	**waste** ウェイスト / weist /	**動 を無駄にする** 派 形 **wasteful**（無駄の多い） 例 **waste** time（時間を浪費する）
☑ 0118	**absorb** アブゾーブ / əbzɔ́ːᵇb /	**動 を吸収する** 派 名 **absorption**（吸収） 例 **absorb** water（水を吸収する）
☑ 0119	**achieve** アチーヴ / ətʃíːv /	**動 を達成する** 派 名 **achievement**（達成） 例 **achieve** the goal（目的を達成する）
☑ 0120	**appreciate** アプリーシエイト / əpríːʃièit / 🎤アク	**動 をありがたく思う** 派 名 **appreciation**（感謝） 例 **appreciate** a person's help （人の助けをありがたく思う）
☑ 0121	**argue** アーギュー / áːᵍgjuː / ●発音	**動 と主張する** 派 名 **argument**（議論） 例 **argue** that the theory is wrong （その理論は間違っていると主張する）
☑ 0122	**burn** バ〜ン / bəːᵍn /	**動 をやけどさせる** 派 名 **burner**（バーナー） 例 **burn** one's hand badly （手にひどいやけどを負う）
☑ 0123	**bury** ベリィ / béri / ●発音	**動 を埋める** 派 名 **burial**（埋めること） 例 **bury** garbage in the ground （地面にごみを埋める）
☑ 0124	**complete** コンプリート / kəmpliːt /	**動 を完成させる** 派 名 **completion**（完成） 例 **complete** one's homework（宿題を終える）
☑ 0125	**consume** コンスーム / kənsúːm /	**動 を消費する** 派 名 **consumption**（消費） 例 **consume** a lot of energy （大量のエネルギーを消費する）

☑ 0126	**disappoint** ディサ**ポ**イント / dìsəpɔ́int /	動 を失望させる 派 名 **disappointment**（失望） 例 be **disappointed** by the movie （その映画にがっかりする）
☑ 0127	**dislike** ディス**ラ**イク / dislák /	動 を嫌う 例 **dislike** wearing glasses （眼鏡を掛けることを嫌がる）
☑ 0128	**manage** **マ**ネヂ / mǽnidʒ /　　　●発音	動 をなんとか成し遂げる 派 名 **management**（経営） 例 **manage** to get a ticket （どうにかチケットを手に入れる）
☑ 0129	**refuse** リ**フュー**ズ / rifjúːz /	動 を断る 派 名 **refusal**（拒絶） 例 **refuse** to listen to what a person is saying （人の言わんとすることを聞こうとしない）
☑ 0130	**tip** **ティ**ップ / tip /	動 チップをやる 例 **tip** in a restaurant （レストランでチップを渡す）
☑ 0131	**warn** **ウォー**ン / wɔːʳn /	動 に（危険などを）警告する 派 名 **warning**（警告） 例 **warn** a person to reduce speed （スピードを落とすよう人に警告する）
☑ 0132	**adopt** ア**ダ**プト / ədɑ́ːpt /	動 を採用する 派 名 **adoption**（採用） 例 **adopt** a new idea（新しい考えを採用する）
☑ 0133	**afford** ア**フォー**ド / əfɔ́ːʳd /	動 する余裕がある 派 形 **affordable**（（値段などが）手頃な） 例 can't **afford** to rent one's own apartment （自分のアパートを借りるだけの金銭的余裕がない）
☑ 0134	**celebrate** **セ**レブレイト / séləbreit /	動 を祝う 派 名 **celebration**（祝賀） 例 **celebrate** a person's birthday （人の誕生日を祝う）

☑ 0135	**claim** クレイム / kleɪm /	動 と主張する 例 She **claimed** that she was right. （彼女は自分が正しいと言い張った。）

☑ 0136	**determine** ディター～ミン / dɪtɔ́ːrmɪn /	動 を決定する 派 名 **determination**（決定） 例 **determine** if it is wrong or not （それが間違っているのかどうかを決定する）

☑ 0137	**expand** イクスパンド / ɪkspǽnd /	動 を拡大する 派 名 **expansion**（拡大） 例 **expand** one's business in the U.S. （米国で事業を拡大する）

☑ 0138	**form** フォーム / fɔːrm /	動 を形作る 派 名 **formation**（形成） 例 **form** a layer of ice（氷の層を形成する）

☑ 0139	**found** ファウンド / faʊnd /	動 を設立する 派 名 **foundation**（創立） 例 be **founded** in 2010（2010年に設立される）

☑ 0140	**land** ランド / lænd /	動 着陸する 派 名 **landing**（着陸） 例 **land** at Narita Airport（成田空港に着陸する）

☑ 0141	**lie** ライ / laɪ /	動 横になる 例 **lie** on one's back（あおむけに寝る）

☑ 0142	**migrate** マイグレイト / máɪgreɪt /	動 移住する 派 名 **migration**（移住） 例 **migrate** to warmer places （もっと暖かい土地へ移り住む）

☑ 0143	**participate** パーティスィペイト / pɑːrtísɪpeɪt / 🎤アク	動 参加する 派 名 **participation**（参加） 例 **participate** in that activity （その活動に参加する）

43

☑ 0144	**point** ポイント / pɔɪnt /	動 指さす 派 名 **pointer** (ポインター) 例 **point** to the building (その建物を指さす)
☑ 0145	**purchase** パ〜チェス / pə́ːtʃəs / ●発音	動 を購入する 派 名 **purchaser** (購入者) 例 **purchase** a ticket (チケットを購入する)
☑ 0146	**recognize** レコグナイズ / rékəgnaɪz / ●発音	動 が分かる 派 名 **recognition** (認識) 例 **recognize** faces (顔を識別する)
☑ 0147	**relate** リレイト / rɪléɪt /	動 を関連させる 派 名 **relation** (関係) 例 be closely **related** to the matter (その事に密接に関係している)
☑ 0148	**renew** リニュー / rɪnjúː /	動 を更新する 派 名 **renewal** (更新) 例 **renew** one's membership by December 31 (12月31日までに会員資格を更新する)
☑ 0149	**belong** ビローング / bɪlɔ́ːŋ /	動 所有物である 派 名 **belonging** (所有物) 例 **belong** to a person (人のものである)
☑ 0150	**breathe** ブリーズ / briːð / ●発音	動 呼吸する 派 名 **breath** (呼吸) 例 **breathe** slowly (ゆっくり呼吸する)
☑ 0151	**commit** コミット / kəmít /	動 (罪など)を犯す 例 **commit** a crime (罪を犯す)
☑ 0152	**compete** コンピート / kəmpíːt /	動 競争する 派 名 **competition** (競争) 例 **compete** against one's opponent (競争相手と張り合う)

☑ 0153	**conduct** カンダクト / kəndʌ́kt /	動 を実施する 派 名 **conductor**（指揮者） 例 **conduct** a survey about people's favorite TV programs（好きなテレビ番組についての調査を行う）
☑ 0154	**decorate** デコレイト / dékəreɪt /　●発音	動 を飾る 派 名 **decoration**（装飾） 例 be **decorated** with flowers （花で飾り付けられている）
☑ 0155	**deny** ディナイ / dɪnáɪ /	動 を否定する 派 名 **denial**（否定） 例 **deny** the existence of ghosts （お化けの存在を否定する）
☑ 0156	**destroy** ディストゥロイ / dɪstrɔ́ɪ /	動 を破壊する 派 名 **destruction**（破壊） 例 **destroy** a forest（森林を破壊する）
☑ 0157	**digest** ダイヂェスト / daɪdʒést /	動 を消化する 派 名 **digestion**（消化） 例 **digest** food（食べ物を消化する）
☑ 0158	**disturb** ディスタ〜ブ / dɪstə́ːʳb /	動 を邪魔する 派 名 **disturbance**（邪魔） 例 **disturb** a friend who is studying （勉強中の友人を邪魔する）
☑ 0159	**download** ダウンロウド / dáʊnloʊd /	動 をダウンロードする 例 **download** a program from the Internet （インターネットからプログラムをダウンロードする）
☑ 0160	**employ** エンプロイ / ɪmplɔ́ɪ /	動 を雇う 派 名 **employment**（雇用） 例 **employ** staff to clean the building （建物の清掃スタッフを雇う）
☑ 0161	**exchange** イクスチェインヂ / ɪkstʃéɪndʒ /	動 を交換する 派 形 **exchangeable**（交換できる） 例 **exchange** the shirt for another one （そのシャツを別の物と交換する）

45

RANK A	必ずおさえておくべき重要単語

英検2級名詞

☑ 0160
customer
カスタマァ
/ kʌ́stəmər /

名 顧客
- 派 名 **custom**（習慣）
- 例 get more **customers**
（より多くの顧客を獲得する）

☑ 0163
brain
ブレイン
/ breɪn /

名 脳
- 例 study the **brains** of children
（子どもの脳を研究する）

☑ 0164
research
リーサ〜チ
/ ríːsəːtʃ /

名 研究
- 派 名 **researcher**（研究員）
- 例 do **research** on memory
（記憶について研究を行う）

☑ 0165
amount
アマウント
/ əmáʊnt /

名 量
- 例 cut the **amount** of carbon dioxide
（二酸化炭素の量を削減する）

☑ 0166
clothes
クロウズ
/ kloʊð /

名 衣服
- 派 名 **cloth**（布）
- 例 wash one's **clothes** by hand
（衣服を手で洗う）

☑ 0167
website
ウェブサイト
/ wébsaɪt /

名 ウェブサイト
- 例 visit a **website**（ウェブサイトにアクセスする）

☑ 0163
boss
ボース
/ bɔːs /

名 上司
- 例 ask one's **boss** for advice
（上司にアドバイスを求める）

☑ 0169
environment
インヴァイアロンメント
/ ɪnváɪərənmənt /
●発音

名 環境
- 派 形 **environmental**（環境の）
- 例 damage the **environment**（環境を損なう）

名詞

☑ 0170 expert

エクスパ〜ト
/ ékspɚːt /
🎤アク

名 専門家
例 according to **experts**（専門家によると）

☑ 0171 presentation

プレゼン**テ**イション
/ prèzəntéɪʃən /

名 プレゼンテーション
派 動 **present**（を発表する）
例 give a **presentation** to clients
（顧客にプレゼンを行う）

☑ 0172 manager

マネヂァ
/ mǽnɪdʒɚ /
●発音

名 責任者
派 動 **manage**（を管理する）
例 become a sales **manager**（販売部長になる）

☑ 0173 charity

チャリティ
/ tʃǽrəti /

名 慈善
派 形 **charitable**（慈善のための）
例 raise money for a **charity**
（慈善活動のためにお金を募る）

☑ 0174 material

マ**ティ**アリアル
/ mətíəriəl /

名 原料
例 building **material** made from recycled plastic（リサイクルされたプラスチックから作られた建材）

☑ 0175 staff

ス**タ**ッフ
/ stæf /

名 従業員
例 a member of the security **staff**
（警備スタッフのメンバー）

☑ 0176 fuel

フューエル
/ fjúːəl /

名 燃料
例 use fossil **fuels**（化石燃料を使う）

☑ 0177 tour

トゥァ
/ tʊɚ /

名 見学
派 名 **tourist**（旅行者）
例 take a **tour** of the factory（工場を見学する）

まとめてCheck!	関連語をCheck！―clothes(衣服)		
suit	スーツ	sweater	セーター
coat	コート	shirt	シャツ
jacket	ジャケット	jeans	ジーンズ
skirt	スカート	pants	ズボン

☐ 0178	**department** ディパートゥメント / dɪpάːrtmənt /	名 部門 例 the marketing **department** of a company （会社のマーケティング部門）
☐ 0179	**garbage** ガービヂ / gάːrbɪdʒ /　●発音	名 生ごみ 例 take out the **garbage**（ごみを出す）
☐ 0180	**employee** エンプロイイー / ɪmplɔ́ɪiː /　🎤アク	名 従業員 派 動 **employ**（を雇う） 例 hire new **employees**（新しい従業員を雇う）
☐ 0181	**project** プラヂェクト / prάːdʒekt /　🎤アク	名 事業 派 名 **projection**（見積り） 例 work on a new **project** （新しいプロジェクトに取り組む）
☐ 0182	**skill** スキル / skɪl /	名 技能 派 形 **skillful**（熟練した） 例 improve one's communication **skills** （コミュニケーションスキルを向上させる）
☐ 0183	**advertisement** アドゥヴァ**タ**イズメント / advərtάɪzmənt /	名 広告 派 動 **advertise**（を宣伝する） 例 look at a newspaper **advertisement** （新聞広告を見る）
☐ 0184	**carbon** カーボン / kάːrbən /	名 炭素 派 動 **carbonate**（を炭酸塩化する） 例 produce a lot of **carbon** dioxide （大量の二酸化炭素を生み出す）
☐ 0185	**flight** フ**ラ**イト / flaɪt /　●発音	名 定期航空便 派 動 **fly**（飛ぶ） 例 be late for one's **flight**（飛行便に乗り遅れる）
☐ 0186	**case** ケイス / keɪs /	名 場合 例 in **case** of fire（火事の場合には）

☑ 0187
effect
イフェクト
/ ɪfékt /

名 影響
派 形 **effective**（効果的な）
例 have a positive **effect** on children
（子どもに良い影響がある）

☑ 0188
electricity
イレクトゥリスィティ
/ ɪlèktrisəti /

名 電気
派 形 **electric**（電気の）
例 save **electricity**（電気を節約する）

☑ 0189
survey
サ～ヴェイ
/ sə́ːrveɪ /

名 調査
派 名 **surveyor**（測量士）
例 according to a recent **survey**
（最近の調査によれば）

☑ 0190
advantage
アドゥヴァンテヂ
/ ədvǽntɪdʒ /

名 利点
派 形 **advantageous**（有利な）
例 have many **advantages** over human beings
（人類よりも多くの利点がある）

☑ 0191
clothing
クロウズィング
/ klóʊðɪŋ /

名 衣料品
派 名 **cloth**（布）
例 the men's **clothing** section of a department
store（デパートの紳士服売り場）

☑ 0192
contest
カンテスト
/ kɑ́ːntest /

名 コンテスト
派 名 **contestant**（出場者）
例 win first prize in a **contest**
（コンテストで1位になる）

☑ 0193
exercise
エクササイズ
/ éksəʳsaɪz /

名 運動
例 do **exercise**（運動をする）

☑ 0194
item
アイテム
/ áɪtəm /

名 品目
例 collect recyclable **items**
（リサイクルできる品目を集める）

まとめてCheck!	語源をCheck！ ― ject「投げる, 投げること」
inject	**in**(中へ)＋**ject**(投げる)→(を注射する)
object	**ob**(反対に)＋**ject**(投げる)→(反対する)
project	**pro**(前に)＋**ject**(投げること)→(事業)

☑ 0195
novel
ナヴェル
/ nάːvəl /

名 小説
派 名 **novelist**（小説家）
例 read a mystery **novel**（ミステリー小説を読む）

☑ 0196
bacteria
バク**ティ**アリア
/ bæktíəriə /

名 ばい菌
例 reduce **bacteria** in a hospital
（病院内の細菌を減らす）

☑ 0197
community
コ**ミュー**ニティ
/ kəmjúːnəṭi /

名 地域社会
派 形 **common**（公共の）
例 children living in the **community**
（地域社会に住んでいる子どもたち）

☑ 0198
experience
イクス**ピ**アリエンス
/ ɪkspíəriəns /　　●発音

名 経験
派 形 **experienced**（経験を積んだ）
例 have a valuable **experience**
（貴重な経験をする）

☑ 0199
experiment
イクス**ペ**リメント
/ ɪkspérɪmənt /

名 実験
派 形 **experimental**（実験の）
例 conduct a chemistry **experiment**
（化学実験を行う）

☑ 0200
method
メソド
/ méθəd /

名 方法
派 形 **methodical**（秩序だった）
例 use the most effective **method**
（最も効果的な方法を使う）

☑ 0201
patient
ペイシェント
/ péɪʃənt /　　●発音

名 患者
形 忍耐強い
派 名 **patience**（忍耐）
例 take care of a **patient**（患者の世話をする）

☑ 0202
tax
タクス
/ tæks /

名 税金
派 名 **taxation**（課税）
例 pay high **taxes**（高い税金を払う）

☑ 0203
downtown
ダウン**タ**ウン
/ dàʊntáʊn /

名 商業地区
副 繁華街へ
例 walk around **downtown**（繁華街を歩き回る）

☑ 0204	**medicine** メドゥスン / médsən /	名 薬 派 形 **medical**(医学の) 例 take one's **medicine**(薬を飲む)
☑ 0205	**organization** オーガニ**ゼ**イション / ɔ̀ːgənəzéiʃən /	名 組織体 派 動 **organize**(を組織する) 例 run a volunteer **organization** (ボランティア組織を運営する)
☑ 0206	**stress** ストゥ**レ**ス / stres /	名 ストレス 派 形 **stressful**(ストレスの多い) 例 reduce **stress**(ストレスを減らす)
☑ 0207	**activity** アク**ティ**ヴィティ / æktívəti /	名 活動 派 形 **active**(活動的な) 例 do volunteer **activities** (ボランティア活動をする)
☑ 0208	**asteroid** **ア**ステロイド / æstərɔid /	名 小惑星 例 get metals from **asteroids** (小惑星から金属を得る)
☑ 0209	**condition** コン**ディ**ション / kəndíʃən /	名 状態, 条件 派 形 **conditional**(条件付きの) 例 be in good **condition**(調子がいい)
☑ 0210	**dioxide** ダイ**ア**クサイド / daiɑ́:ksaid /	名 二酸化物 例 reduce the amount of carbon **dioxide** (二酸化炭素の量を減らす)
☑ 0211	**economy** イ**カ**ノミィ / ikɑ́:nəmi /　🎤アク	名 経済 派 形 **economic**(経済の) 例 support the local **economy** (地方経済を支える)
☑ 0212	**nature** **ネ**イチャ / néitʃər /	名 自然 派 形 **natural**(自然の) 例 live in harmony with **nature** (自然と調和して生きる)

☑ 0213	**discount** ディスカウント / dískaunt /	名 割引 動 を割引する 例 receive a ten-percent **discount** （10 パーセントの割引を受ける）
☑ 0214	**mall** モール / mɔːl /	名 ショッピングセンター 例 go to a new shopping **mall** （新しいショッピングセンターへ行く）
☑ 0215	**software** ソーフトゥウェア / sɔ́ːftweəʳ /	名 ソフトウエア 例 install new **software** （新しいソフトをインストールする）
☑ 0216	**client** クライアント / kláiənt /	名 依頼人 例 sign a contract with a new **client** （新しい依頼人と契約を結ぶ）
☑ 0217	**equipment** イクウィブメント / ıkwípmənt /	名 設備 派 動 **equip**（を備え付ける） 例 develop new medical **equipment** （新しい医療設備を開発する）
☑ 0218	**exam** イグザム / ıgzǽm /	名 試験 派 動 **examine**（を調べる） 例 pass one's college entrance **exam** （大学入試に合格する）
☑ 0219	**industry** インダストゥリィ / índəstri /	名 産業 派 形 **industrial**（産業の） 例 the growth of the service **industry** （サービス産業の成長）
☑ 0220	**prize** プライズ / praız /	名 賞 例 be awarded a **prize**（賞を授与される）
☑ 0221	**site** サイト / saıt /	名 場所 例 visit famous **sites** around the world （世界中の有名な場所を訪れる）

名詞

☑ 0222
solution
ソルーション
/ səlúːʃən /

名 解決
派 動 **solve**（を解決する）
例 come up with a **solution** to a problem
（問題に対する解決策を思い付く）

☑ 0223
temperature
テンプラチァ
/ témprətʃəʳ /

名 気温
例 a change in ocean **temperatures**
（海洋の温度の変動）

☑ 0224
tourist
トゥアリスト
/ túərist /

名 観光客
派 名 **tour**（旅行）
例 be attractive to foreign **tourists**
（外国人観光客にとって魅力的である）

☑ 0225
agency
エイチェンスィ
/ éidʒənsi /

名 代理店
派 名 **agent**（代理人）
例 ask a travel **agency** about a tour
（ツアーについて旅行代理店に問い合わせる）

☑ 0226
decision
ディスィジョン
/ disíʒən /

名 決定
派 形 **decisive**（決定的な）
例 make a final **decision** about the plan
（その計画について最終決定をする）

☑ 0227
demand
ディマンド
/ dimænd /

名 需要
例 the increasing **demand** for organic vegetables（有機野菜に対する高まる需要）

☑ 0228
benefit
ベネフィト
/ bénifit /

名 利益
派 形 **beneficial**（有益な）
例 bring economic **benefits** to the town
（その町に経済的な利益をもたらす）

☑ 0229
glue
グルー
/ gluː /

名 接着剤
派 形 **gluey**（ねばねばする）
例 produce stronger **glue**
（より強い接着剤を作り出す）

☑ 0230
practice
プラクティス
/ præktis /

名 練習, 実行
派 形 **practical**（実行可能な）
例 injure one's leg in baseball **practice**
（野球の練習中に脚をけがする）

☑ 0231	**statement** ステイトゥメント / stéitmənt /	名 声明 派 動 **state** (を表明する) 例 make an official **statement** about the problem (その問題について公式の声明を出す)
☑ 0232	**view** ヴュー / vju: /	名 景色 派 名 **viewer** (見物人) 例 enjoy a wonderful **view** of mountains (山々の素晴らしい景色を楽しむ)
☑ 0233	**cell** セル / sel /	名 細胞 派 形 **cellular** (細胞状の) 例 restrict the growth of cancer **cells** (がん細胞の成長を制限する)
☑ 0234	**layer** レイア / léiəʳ /	名 層 派 動 **lay** (を置く) 例 a hole in the ozone **layer** (オゾン層の穴)
☑ 0235	**poison** ポイズン / pɔ́izən /	名 毒 派 形 **poisonous** (有毒な) 例 remove **poisons** from the air (空気中から毒物を除去する)
☑ 0236	**professor** プロフェサァ / prəfésəʳ /	名 教授 例 ask one's **professor** for advice (教授に助言を求める)
☑ 0237	**author** オーサァ / ɔ́:θəʳ /　●発音	名 著者 例 the **author** of the book (その本の著者)
☑ 0238	**biology** バイアロヂィ / baiɑ́:lədʒi /	名 生物学 派 形 **biological** (生物学の) 例 study **biology** at a university (大学で生物学を学ぶ)
☑ 0239	**growth** グロウス / grouθ /	名 成長 派 動 **grow** (成長する) 例 huge **growth** in global trade (世界貿易の大きな成長)

25%　　50%　　75%　　100%

☑ 0240

participant

パティスィパント
/ pəˈtɪsɪpənt /

名 参加者

派 動 **participate**（参加する）
例 **participants** in a speech contest
（スピーチコンテストの参加者）

☑ 0241

schedule

スケヂュール
/ skédʒuːl /　　●発音

名 予定表

例 have a busy **schedule** today
（今日は予定がびっしりだ）

☑ 0242

biofuel

バイオウフューエル
/ báɪoufjuːəl /

名 バイオ燃料

例 make **biofuel** from recycled cooking oil
（リサイクルされた調理油からバイオ燃料を作る）

☑ 0243

dinosaur

ダイナソー(ァ)
/ dáɪnəsɔːr /

名 恐竜

例 discover new types of **dinosaurs**
（新しいタイプの恐竜を発見する）

☑ 0244

document

ダキュメント
/ dάːkjəmənt /

名 書類

派 形 **documentary**（文書の）
例 send a **document** to the company
（会社に書類を送る）

☑ 0245

exhibition

エクスィビション
/ èksɪbíʃən /　　●発音

名 展覧会

派 動 **exhibit**（を展示する）
例 hold a special **exhibition** of paintings
（絵画の特別展を催す）

☑ 0246

guest

ゲスト
/ gest /

名 客

例 prepare the room for **guests**
（客のための部屋を用意する）

☑ 0247

invention

インヴェンション
/ mvénʃən /

名 発明

派 形 **inventive**（発明の）
例 invest in a new **invention**
（新しい発明に投資する）

☑ 0248

lens

レンズ
/ lenz /

名 レンズ

例 wear contact **lenses**
（コンタクトレンズを着ける）

名詞

☑ 0249	**photograph** フォウトグラフ / fóʊtəɡræf /	名 写真 派 名 **photographer**（写真家） 例 take **photographs** of the sun （太陽の写真を撮る）
☑ 0250	**quality** クワリティ / kwɑ́:ləti /　●発音	名 質 例 check the **quality** of products （製品の品質をチェックする）
☑ 0251	**representative** レプリゼンタティヴ / rèprɪzéntət̬ɪv /	名 代表者 派 動 **represent**（を代表する） 例 a **representative** of a famous IT company （有名な IT 企業の代表者）
☑ 0252	**rest** レスト / rest /	名 休息 例 need to get some **rest** （少し休息を取る必要がある）
☑ 0253	**sense** センス / sens /	名 感覚 派 形 **sensitive**（敏感な） 例 develop a **sense** of responsibility （責任感を身に付ける）
☑ 0254	**article** アーティクル / ɑ́ːṭɪkəl /	名 記事 例 write a newspaper **article**（新聞記事を書く）
☑ 0255	**career** カリア / kəríəʳ /　●アク	名 経歴 例 start one's **career** teaching English （英語を教えることから職歴を始める）
☑ 0256	**creature** クリーチァ / kríːtʃəʳ /　●発音	名 生き物 派 動 **create**（を創造する） 例 study sea **creatures**（海の生き物を研究する）
☑ 0257	**director** ディレクタァ / dəréktəʳ /	名 監督 派 動 **direct**（を監督する） 例 a movie **director** from France （フランス出身の映画監督）

☑ 0258	**essay** エセイ / éseɪ /	名 **論文** 派 名 **essayist** (随筆家) 例 write an **essay** about the history of the town (その町の歴史について論文を書く)
☑ 0259	**fee** フィー / fiː /	名 **料金** 例 pay an entry **fee** (入場料を支払う)
☑ 0260	**insect** インセクト / ínsekt /　●発音	名 **昆虫** 例 be afraid of **insects** (虫を怖がる)
☑ 0261	**liquid** リクウィド / líkwɪd /	名 **液体** 例 wash a car with a new cleaning **liquid** (新しい洗浄液で車を洗う)
☑ 0262	**population** パピュレイション / pὰːpjəléɪʃən /	名 **人口** 派 動 **populate** (に住まわせる) 例 the **population** of the city (その都市の人口)
☑ 0263	**signal** スィグナル / sígnəl /	名 **信号** 派 動 **sign** (合図する) 例 pick up radio distress **signals** (無線遭難信号を受け取る)
☑ 0264	**situation** スィチュエイション / sìtʃuéɪʃən /	名 **状況** 派 形 **situated** (位置している) 例 improve the employment **situation** (雇用状況を改善する)
☑ 0265	**surface** サ～フェス / sə́ːfɪs /　●発音	名 **表面** 例 the wind near the earth's **surface** (地表近くの風)
☑ 0266	**athlete** アスリート / ǽθliːt /	名 **運動選手** 派 形 **athletic** (運動競技の) 例 become a professional **athlete** (プロの選手になる)

☑ 0267	**conference** カンフレンス / kάːnfrəns /	名 会議 派 動 **confer** (話し合う) 例 attend an international **conference** on biology (生物学の国際会議に出席する)
☑ 0268	**currency** カ〜レンスィ / kə́ːrənsi /	名 通貨 派 形 **current** (通用している) 例 earn foreign **currency** (外貨を稼ぐ)
☑ 0269	**detail** ディーテイル / díːteil /	名 詳細 派 形 **detailed** (詳細な) 例 go into more **detail** about an incident (事件についてより詳しく調査する)
☑ 0270	**evidence** エヴィデンス / évidəns /	名 証拠 派 形 **evident** (明白な) 例 We have no **evidence** that he committed the crime. (彼が犯罪を犯した証拠はない。)
☑ 0271	**gallery** ギャラリィ / gǽləri /	名 画廊 例 visit an art **gallery** (画廊を訪れる)
☑ 0272	**mayor** メイア / méiər /	名 市長 派 形 **mayoral** (市長の) 例 run for **mayor** of a city (市長に立候補する)
☑ 0273	**mystery** ミステリィ / místəri /	名 謎 派 形 **mysterious** (不思議な) 例 solve the **mystery** of bird migration (鳥の渡りの謎を解く)
☑ 0274	**neighborhood** ネイバフド / néibərhùd /	名 近所 派 名 **neighbor** (隣人) 例 jog around the **neighborhood** (近所をジョギングする)
☑ 0275	**pain** ペイン / pein /	名 痛み 派 形 **painful** (痛い) 例 ease the **pain** in one's stomach (胃の痛みを和らげる)

0276 passenger

パセンヂァ
/ pǽsɪndʒəʳ /

名 乗客
- 例 a ship carrying **passengers** and cargo
（乗客と荷物を運ぶ船）

0277 policy

パリスィ
/ pάːləsi /

名 政策
- 派 名 **police**（警察）
- 例 oppose government **policies**
（政府の政策に反対する）

0278 route

ルート
/ ruːt /

名 道筋
- 例 take the fastest **route** to one's destination
（目的地までの最も速いルートを取る）

0279 species

スピーシーズ
/ spíːʃiːz /

名 (生物学上の)種
- 例 discover a new **species** of fish
（魚の新しい種を発見する）

0280 variety

ヴァライエティ
/ vəráɪəti /
●発音

名 種類
- 派 形 **various**（多様な）
- 例 preserve the great **variety** of plants in nature（自然の非常に多様な植物を守る）

0281 veterinarian

ヴェテリネアリアン
/ vèt̬ərənéəriən /

名 獣医
- 例 take an injured cat to the **veterinarian**
（けがをした猫を獣医に連れて行く）

0282 addition

アディション
/ ədíʃən /

名 追加分
- 派 形 **additional**（追加の）
- 例 pay an extra fee in **addition** to the regular charge（通常料金に加えて割増料金を払う）

0283 ancestor

アンセスタァ
/ ǽnsestəʳ /

名 祖先
- 派 形 **ancestral**（祖先の）
- 例 learn about one's **ancestors**
（祖先について学ぶ）

0284 appointment

アポイントゥメント
/ əpɔ́ɪntmənt /

名 約束
- 派 動 **appoint**（を約束する）
- 例 make an **appointment** with a dentist
（歯医者に予約をする）

☑ 0285

cave

ケイヴ
/ keɪv /

名 洞窟

例 the wall paintings inside the **cave**
（洞窟の中にある壁画）

☑ 0286

ceremony

セレモウニィ
/ sérəmouni /

名 儀式

派 形 **ceremonial**（儀式の）
例 attend a graduation **ceremony**
（卒業式に出席する）

☑ 0287

chemistry

ケミストゥリィ
/ kémɪstri /
● 発音

名 化学

派 名 **chemist**（化学者）
例 teach **chemistry** at a high school
（高校で化学を教える）

☑ 0288

competition

カンペ**ティ**ション
/ kὰːmpətíʃən /

名 競争

派 形 **competitive**（競争的な）
例 create a price **competition**
（価格競争を生み出す）

☑ 0289

cooperation

コウアペ**レ**イション
/ kouὰːpəréɪʃən /

名 協力

派 形 **cooperative**（協力的な）
例 promote international **cooperation**
（国際協力を促進する）

☑ 0290

deadline

デッドゥライン
/ dédlaɪn /

名 締め切り

例 meet the **deadline**（締め切りに間に合う）

☑ 0291

effort

エフォト
/ éfəˀt /

名 努力

例 make **efforts** to reduce the amount of
garbage（ごみの量を減らす努力をする）

☑ 0292

engine

エンヂン
/ éndʒɪn /

名 エンジン

派 名 **engineer**（技師）
例 be canceled due to **engine** problems
（エンジントラブルのためにキャンセルされる）

☑ 0293

factor

ファクタァ
/ fǽktəˀ /

名 要素

例 consider environmental **factors**
（環境的な要因を検討する）

0294 fashion
ファション
/ fǽʃən /

名 流行
派 形 **fashionable** (流行の)
例 be in **fashion** this winter
(今年の冬に流行している)

0295 gene
ヂーン
/ dʒíːn /

名 遺伝子
例 inherit a **gene** from one's parents
(両親から遺伝子を受け継ぐ)

0296 hometown
ホウム**タ**ウン
/ hóʊmtáʊn /
● 発音

名 故郷
例 go back to one's **hometown** (故郷に帰る)

0297 income
インカム
/ ínkʌm /

名 収入
例 increase one's **income** (収入を増やす)

0298 instance
インスタンス
/ ínstəns /

名 例
例 give a few **instances** (いくつか例を挙げる)

0299 license
ライセンス
/ láɪsəns /

名 免許証
派 形 **licensed** (免許を持った)
例 get a driver's **license** (運転免許を取得する)

0300 location
ロウ**ケ**イション
/ loʊkéɪʃən /

名 位置
派 動 **locate** (の場所を突き止める)
例 be in a good **location** (良い場所にある)

0301 officer
オーフィサァ
/ ɔ́ːfɪsər /

名 役人
派 名 **office** (役所)
例 become a police **officer** (警察官になる)

まとめてCheck!	派生語をPlus！ー competition
compete	動 (競争する)
competing	形 (競合する)
competitor	名 (競争者)

☑ 0302	**operation** アペレイション / ὰːpəréɪʃən /	名 手術 派 動 **operate**（手術する） 例 have an **operation**（手術を受ける）
☑ 0303	**opinion** オピニョン / əpínjən /	名 意見 例 listen to a person's **opinion**（人の意見を聞く）
☑ 0304	**pattern** パタン / pǽtəˀn / 🎤アク	名 傾向 例 research human behavior **patterns** （人の行動様式を調べる）
☑ 0305	**storm** ストーム / stɔːˀm /	名 嵐 派 形 **stormy**（嵐の） 例 be caught in a **storm**（嵐に見舞われる）
☑ 0306	**tournament** トゥアナメント / túəˀnəmənt /	名 勝ち抜き試合 例 win a badminton **tournament** （バトミントンのトーナメントで優勝する）
☑ 0307	**vaccine** ヴァクスィーン / vǽksiːn /	名 ワクチン 派 動 **vaccinate**（に予防接種する） 例 give **vaccines** to babies （赤ん坊にワクチンを与える）
☑ 0308	**weight** ウェイト / weɪt /	名 重さ 派 動 **weigh**（の重さを量る） 例 exercise to lose **weight** （体重を減らすために運動する）
☑ 0309	**agent** エイヂェント / éɪdʒənt /	名 代理人 派 名 **agency**（代理店） 例 find a good real estate **agent** （いい不動産業者を見つける）
☑ 0310	**artwork** アートゥワ～ク / ὰːˀtwaˀk /	名 芸術作品 例 judge ancient **artwork** （古代の芸術作品を鑑定する）

0311 blog

ブラグ
/ blɑːɡ /

名 ブログ
派 名 **blogger**（ブロガー）
例 write a **blog** about professional baseball
（プロ野球についてブログを書く）

0312 branch

ブランチ
/ bræntʃ /

名 枝
例 cut off **branches** from a tree
（木の枝を切り落とす）

0313 citizen

スィティズン
/ sítəzən /

名 市民
派 名 **citizenship**（市民権）
例 consult with local **citizens**
（地元の市民と相談する）

0314 deal

ディール
/ diːl /

名 量
例 cost a great **deal** of money
（多額の金がかかる）

0315 decade

デケイド
/ dékeɪd /

名 10年間
例 over the past few **decades**
（最近の数十年間で）

0316 figure

フィギャ
/ fíɡjɚ /

名 数字
例 add up **figures**（数字を合計する）

0317 lecture

レクチァ
/ léktʃɚ /

名 講義
派 名 **lecturer**（講師）
例 give a special **lecture** to students
（学生に特別講義を行う）

0318 shortage

ショーティヂ
/ ʃɔ́ːrtɪdʒ /

名 不足
派 形 **short**（不足して）
例 the **shortage** of clean water in developing
countries（発展途上国におけるきれいな水の不足）

0319 vehicle

ヴィーイクル
/ víːəkəl /
●発音

名 （陸上の）乗り物
例 use electric **vehicles**
（電気自動車を利用する）

RANK A	必ずおさえておくべき重要単語

英検2級形容詞・副詞など

☑ 0320
other
アザァ
/ ʌ́ðəʳ /

形 **別の**
例 open the **other** eye（もう一方の目を開ける）

☑ 0321
common
カモン
/ kɑ́:mən /

形 **ありふれた**
派 副 **commonly**（普通に）
例 prevent many **common** kinds of accidents
（多くのよく起こりがちな種類の事故を防ぐ）

☑ 0322
global
グロウバル
/ glóubəl /

形 **地球上の**
派 名 **globe**（地球）
例 the problem of **global** warming
（地球温暖化の問題）

☑ 0323
certain
サ～トゥン
/ sə́ːʳtn /

形 **ある, 確かな**
派 副 **certainly**（確かに）
例 in a **certain** situation（ある状況においては）

☑ 0324
successful
サクセスフル
/ səksésfəl /

形 **成功した**
派 名 **success**（成功）
例 a **successful** businessperson
（成功した実業家）

☑ 0325
various
ヴェアリアス
/ véəriəs /

形 **それぞれ異なる**
派 動 **vary**（異なる）
例 in **various** ways（さまざまな方法で）

☑ 0326
extra
エクストゥラ
/ ékstrə /

形 **追加の**
例 need **extra** help（追加の援助を必要とする）

☑ 0327
medical
メディカル
/ médikəl /

形 **医学の**
派 名 **medicine**（医学）
例 **medical** care for the elderly
（高齢者のための医療）

☑ 0328 **likely** ライクリィ / láɪkli /	形 ありそうに思われる 派 名 **likelihood**（可能性） 例 be **likely** to occur（起こりそうである）
☑ 0329 **recent** リーセント / ríːsənt /	形 最近の 派 副 **recently**（最近） 例 in **recent** years（近年では）
☑ 0330 **economic** イーコナミク / ìːkənɑ́ːmɪk /	形 経済の 派 名 **economy**（経済） 例 a report on the country's **economic** problems（その国の経済問題に関するリポート）
☑ 0331 **modern** マダン / mɑ́ːdəʳn /	形 現代の 派 動 **modernize**（を現代化する） 例 **modern** technology（現代の科学技術）
☑ 0332 **effective** イフェクティヴ / ɪféktɪv /	形 効果的な 派 名 **effect**（効果） 例 an **effective** way to save energy （エネルギーを節約するための効果的な方法）
☑ 0333 **major** メイヂァ / méɪdʒəʳ / ●発音	形 主要な 派 名 **majority**（大多数） 例 a **major** factor in the development of acid rain（酸性雨の拡大の主な要因）
☑ 0334 **available** アヴェイラブル / avéɪləbəl /	形 利用できる 派 動 **avail**（役に立つ） 例 information **available** online （オンラインで入手できる情報）
☑ 0335 **average** アヴェレヂ / ǽvərɪdʒ / 🎤アク	形 平均の 例 the **average** temperature（平均気温）
☑ 0336 **huge** ヒューヂ / hjuːdʒ /	形 非常に大きい 例 a **huge** number of plant species （膨大な数の植物の種類）

☑ 0337	**particular** パティキュラァ / pəˈtɪkjələˀ /　🎤アク	形 (あるものの中から選別した)特定の 派 副 **particularly** (特に) 例 a **particular** group of people (特定のグループの人々)
☑ 0338	**serious** スィアリアス / sɪ́ərɪəs /	形 深刻な 派 副 **seriously** (深刻に) 例 a **serious** problem (深刻な問題)
☑ 0339	**excellent** エクセレント / éksələnt /	形 卓越した 派 動 **excel** (秀でている) 例 an **excellent** cook (卓越した料理人)
☑ 0340	**rare** レア / reəˀ /	形 まれな 派 副 **rarely** (めったに〜ない) 例 a **rare** bird (珍しい鳥)
☑ 0341	**artificial** アーティフィシャル / ɑ̀ːˈtɪfɪʃəl /	形 人工の 例 **artificial** light (人工光)
☑ 0342	**electric** イレクトゥリク / ɪléktrɪk /	形 電動の 派 名 **electricity** (電気) 例 an **electric** car (電気自動車)
☑ 0343	**online** アンライン / ɑ̀ːnláɪn /	形 オンラインの 例 **online** shopping (ネットショッピング)
☑ 0344	**plastic** プラスティク / plǽstɪk /	形 ビニールの, プラスチックの 例 a **plastic** bag (ビニール袋)
☑ 0345	**private** プライヴェト / práɪvət /　●発音	形 民営の, 私的な 派 名 **privacy** (プライバシー) 例 a **private** company (民間企業)

☑ 0346	**environmental** エンヴァイアロン**メ**ントゥル / ɪnvàɪərənméntl̩ /	形 環境の 派 名 **environment**（環境） 例 an **environmental** problem（環境問題）

☑ 0347	**female** **フィ**ーメイル / fíːmeɪl /	形 女の 例 a **female** athlete（女性の運動選手）

☑ 0348	**nervous** **ナ**～ヴァス / nə́ːrvəs /	形 心配で 派 名 **nerve**（神経） 例 be **nervous** about one's job interview （仕事の面接のことを心配している）

☑ 0349	**poisonous** **ポ**イゾナス / pɔ́ɪzənəs /	形 有毒な 派 名 **poison**（毒） 例 **poisonous** chemicals（有毒化学物質）

☑ 0350	**urban** **ア**～バン /ə́ːrbən /	形 都市の 例 people living in **urban** areas （都市部に住む人々）

☑ 0351	**valuable** **ヴァ**リャブル / vǽljəbəl /	形 金銭的価値のある 派 名 **value**（価値） 例 **valuable** paintings（高価な絵画）

☑ 0352	**educational** エヂュ**ケ**イショナル / èdʒəkéɪʃənəl /	形 教育の, 教育に関する 派 名 **education**（教育） 例 an **educational** policy（教育方針）

☑ 0353	**noisy** **ノ**イズィ / nɔ́ɪzi /	形 騒がしい 派 名 **noise**（騒音） 例 **noisy** children（騒々しい子どもたち）

☑ 0354	**normal** **ノ**ーマル / nɔ́ːrməl /	形 普通の 派 副 **normally**（普通に） 例 have a **normal** life（通常の生活をする）

形容詞・副詞 など

☑ 0355	**upset** アプ**セット** / ʌpsét /	形 うろたえた 例 get **upset**（取り乱す）

☑ 0356	**attractive** アト**ゥラ**クティヴ / ətrǽktɪv /	形 魅力的な 派 動 **attract**（(人・動物)を引き付ける） 例 an **attractive** city for tourists （観光客にとって魅力的な町）

☑ 0357	**comfortable** **カン**ファタブル / kʌ́mfɚ'ṭəbəl /　🔊アク	形 快適な 派 名 **comfort**（快適さ） 例 a **comfortable** sofa（座り心地の良いソファ）

☑ 0358	**empty** **エン**プティ / ém̩pti /	形 空の, 人のいない 例 **empty** land（空き地）

☑ 0359	**harmful** **ハーム**フル / hɑ́ːᵊmfəl /	形 有害な 派 名 **harm**（害） 例 be **harmful** to humans（人にとって有害な）

☑ 0360	**regular** **レ**ギュラァ / régjələᵊ /	形 通常の 派 副 **regularly**（いつも決まって） 例 a **regular** rate（通常料金）

☑ 0361	**scary** ス**ケ**アリィ / skéəri /	形 恐ろしい 派 動 **scare**（をおびえさせる） 例 a **scary** story（怖い話）

☑ 0362	**similar** ス**ィ**ミラァ / símələᵊ /	形 似ている 派 名 **similarity**（似ていること） 例 in a **similar** way（同様に）

☑ 0363	**wealthy** **ウェ**ルスィ / wélθi /	形 裕福な 派 名 **wealth**（富） 例 people in **wealthy** countries （豊かな国の人々）

☑ 0364
active

アクティヴ
/ ǽktɪv /

形 活動的な, 活発な

派 名 **activity** (活動)
例 be **active** at night (夜行性である)

☑ 0365
confident

カンフィデント
/ kɑ́:nfɪdənt /

形 確信している

派 動 **confide** (信頼する)
例 be **confident** that everything will go well
(全てうまくいくと確信している)

☑ 0366
convenient

コンヴィーニエント
/ kənvíːniənt /

形 便利な

派 名 **convenience** (便利さ)
例 a **convenient** way to make a hotel reservation
(ホテルの予約をするのに便利な方法)

☑ 0367
frustrating

フラストゥレイティング
/ frʌ́streɪtɪŋ /

形 失望感を与えるような

派 動 **frustrate** (を失望させる)
例 How **frustrating**! (しゃくにさわる!)

☑ 0368
negative

ネガティヴ
/ négətɪv /

形 害のある, 悪い

例 **negative** effects on the environment
(環境への悪影響)

☑ 0369
official

オフィシャル
/ əfíʃəl /

形 公式の

派 名 **office** (公職)
例 the **official** language of the country
(その国の公用語)

☑ 0370
ordinary

オードゥネリィ
/ ɔ́ːdneri /

形 普通の

派 副 **ordinarily** (普通は)
例 **ordinary** pets such as cats
(猫のような普通のペット)

☑ 0371
overall

オウヴァロール
/ òuvərɔ́ːl /

形 全体の

例 the **overall** population of the country
(その国の総人口)

☑ 0372
positive

パズィティヴ
/ pɑ́ːzətɪv /

形 前向きな, 良い

派 副 **positively** (前向きに)
例 have a **positive** effect on children
(子どもたちに良い影響がある)

☑ 0373

public

パブリク
/ pʌ́blɪk /

形 公共の
派 名 **publicity**（知れ渡ること）
例 use **public** transportation
（公共の交通機関を利用する）

☑ 0374

solar

ソウラァ
/ sóulaʳ /

形 太陽熱[光線]を利用した
例 use **solar** energy
（太陽エネルギーを利用する）

☑ 0375

temporary

テンポレリィ
/ témpəreri /

形 一時的な
派 副 **temporarily**（一時的に）
例 have a **temporary** job
（臨時の仕事をしている）

☑ 0376

unusual

アンユージュアル
/ ʌnjúːʒuəl /

形 普通でない
派 副 **unusually**（異常に）
例 in an **unusual** way（通常とは異なる方法で）

☑ 0377

worth

ワ～ス
/ wəːʳθ /

形 価値がある
派 形 **worthy**（値する）
例 be **worth** one euro（1 ユーロの価値がある）

☑ 0378

accurate

アキュレト
/ ǽkjərət /　　　　●発音

形 正確な
派 名 **accuracy**（正確さ）
例 think that the estimate is **accurate**
（その見積もりは正確だと思う）

☑ 0379

actual

アクチュアル
/ ǽktʃuəl /

形 現実の
派 名 **act**（行為）
例 the insect's **actual** size
（その虫の実際の大きさ）

☑ 0380

arctic

アークティク
/ áːʳktɪk /

形 北極(地方)の
例 **arctic** ice（北極の氷）

☑ 0381

classic

クラスィク
/ klǽsɪk /

形 典型的な
派 形 **classical**（クラシックの，古典的な）
例 a **classic** example（典型例）

形容詞・副詞
など

☑ 0382

complicated

カンプリケイティド
/ ká:mpləkeɪţɪd /

形 複雑な

派 名 complication (複雑化)
例 a complicated problem (複雑な問題)

☑ 0383

instead

インステッド
/ ɪnstéd /

副 その代わりに

例 The blue shirt was sold out, so he bought a red one instead. (青いシャツは売り切れていたので，彼は代わりに赤いシャツを買った。)

☑ 0384

rather

ラザァ
/ ræðə˞ /

副 むしろ

例 I like going out rather than staying home. (家にいるより外へ出掛ける方が好きだ。)

☑ 0385

unfortunately

アンフォーチュナトゥリィ
/ ʌnfɔ́:tʃənətli /

副 不幸なことに

派 形 unfortunate (不幸な)
例 Unfortunately, he failed the test. (残念ながら彼は試験に通らなかった。)

☑ 0386

moreover

モーオウヴァ
/ mɔːróʊvə˞ /

副 さらに

例 It's of good quality. Moreover, it's inexpensive. (それは品質が高い。その上安価である。)

☑ 0387

originally

オリヂナリィ
/ ərídʒənəli /

副 元は, 最初は

派 形 original (最初の)
例 The book originally belonged to her. (その本は元々は彼女のものだった。)

☑ 0388

eventually

イヴェンチュアリィ
/ ɪvéntʃuəli /

副 結局は

派 形 eventual (結果として起こる)
例 He eventually passed the test. (ついに彼は試験に通った。)

☑ 0389

lately

レイトゥリィ
/ léɪtli /

副 最近

派 形 late (最近の)
例 He has been busy lately. (彼は近頃忙しくしている。)

☑ 0390

nevertheless

ネヴァザレス
/ nèvə˞ðəlés /
🎤アク

副 それにもかかわらず

例 We must eat. Nevertheless, eating too much can be harmful to our health. (私たちは食べなければならない。しかしながら、食べ過ぎは健康に良くない場合もある。)

☑ 0391	**regularly** レギュラリィ / régjələ˚li /	副 **規則正しく** 派 形 **regular**（定期的な） 例 practice **regularly**（定期的に練習する）
☑ 0392	**badly** バドゥリィ / bǽdli /	副 **非常に, ひどく** 派 形 **bad**（不快な） 例 be hurt **badly**（ひどいけがをする）
☑ 0393	**increasingly** インクリースィングリィ / ɪnkríːsɪŋli /	副 **ますます, いよいよ** 派 動 **increase**（(数・量などが)増す) 例 be becoming **increasingly** popular across the country（国中でますます人気になりつつある）
☑ 0394	**mainly** メインリィ / méɪnli /	副 **主に, 主として** 派 形 **main**（主な） 例 the dictionary **mainly** used by high school students（主に高校生に使われている辞書）
☑ 0395	**therefore** ゼアフォー(ァ) / ðéə˚fɔːʳ /	副 **それ故に** 例 The car uses less energy. **Therefore**, it is good for the environment.（その車はエネルギー消費が少ない。したがって環境に良い。）
☑ 0396	**additionally** アディショナリィ / ədíʃənəli /	副 **その上, 加えて** 例 Buy now and you get 20% off. **Additionally**, you get a free purse.（今買うと2割引きです。その上無料のハンドバッグがもらえます。）
☑ 0397	**gradually** グラヂュアリィ / grǽdʒuəli /	副 **徐々に** 派 形 **gradual**（漸進的な） 例 increase **gradually**（徐々に増える）
☑ 0398	**efficiently** イフィシェントゥリィ / ɪfíʃəntli /	副 **能率的に, 効率よく** 派 形 **efficient**（能率的な） 例 use energy **efficiently**（エネルギーを効率よく使う）
☑ 0399	**furthermore** ファ〜ザァモー(ァ) / fəːˈðəˈmɔːʳ /	副 **その上, さらに** 例 That food tastes good. **Furthermore**, it's nutritious.（その食品はおいしい。その上, 栄養豊富だ。）

形容詞・副詞など

☑ 0400 **locally**

ロウカリィ
/ lóʊkəli /

副 地元で

派 形 **local**（地元の）
例 buy things **locally**（地元で買い物をする）

☑ 0401 **nearly**

ニアリィ
/ níəˈli /

副 ほとんど

派 形 **near**（近い）
例 **nearly** every weekend（ほぼ毎週末）

☑ 0402 **normally**

ノーマリィ
/ nɔ́ːˈməli /

副 通常は

派 形 **normal**（通常の）
例 She **normally** wears glasses.
（彼女は通常は眼鏡を掛けている。）

☑ 0403 **simply**

スィンプリィ
/ símpli /

副 単に, ただ

派 形 **simple**（単純な）
例 You **simply** have to press the button.
（このボタンを押せばいいだけです。）

☑ 0404 **whenever**

フウェンエヴァ
/ hwenévəˈ /

接 ～するときはいつでも

例 Ask me **whenever** you have a question.
（疑問に思ったらいつでも聞いてください。）

☑ 0405 **despite**

ディスパイト
/ dɪspáɪt /

前 ～にもかかわらず

例 **despite** the heavy snowfall
（大雪にもかかわらず）

☑ 0406 **luckily**

ラキリィ
/ lʌ́kɪli /

副 運よく

派 形 **lucky**（運が良い）
例 **Luckily**, he was able to catch a taxi.
（運よく, 彼はタクシーをつかまえられた。）

☑ 0407 **properly**

プラパリィ
/ prɑ́ːpəˈli /

副 適切に, きちんと

派 形 **proper**（適切な）
例 a computer which doesn't work **properly**
（まともに動かないコンピューター）

☑ 0408 **rarely**

レアリィ
/ réəˈli /

副 めったに～ない

派 形 **rare**（まれな）
例 **rarely** drink alcohol（めったに酒は飲まない）

この章の学習記録を付ける

覚えたことを定着させるには、「繰り返し復習すること」が大切です。
この章の学習を一通り終えたら、下の学習記録シートに日付を書き
込み、履歴を残しましょう。

1	2	3	4	5	6	7	8	9	10
/	/	/	/	/	/	/	/	/	/
11	12	13	14	15	16	17	18	19	20
/	/	/	/	/	/	/	/	/	/
21	22	23	24	25	26	27	28	29	30
/	/	/	/	/	/	/	/	/	/
31	32	33	34	35	36	37	38	39	40
/	/	/	/	/	/	/	/	/	/
41	42	43	44	45	46	47	48	49	50
/	/	/	/	/	/	/	/	/	/

MEMO

単語編

RANK

B

おさえておきたい重要単語

RANK **B** で掲載されているのは英検 2 級を受検するに当たって，おさえておきたい重要単語です。掲載されている単語は過去に 2 級で何度も出題されたものばかりです。何度も復習し，全て覚え切りましょう。

RANK **B**	おさえておきたい重要単語

英検2級動詞

☑ 0409

fit
フィット
/ fɪt /

動 に適合する

例 **fit** one's image of the ideal family
（理想的な家族像に当てはまる）

☑ 0410

hike
ハイク
/ haɪk /

動 ハイキングをする

派 名 **hiking**（ハイキング）
例 go **hiking** in the forest
（森にハイキングに行く）

☑ 0411

judge
ヂャッヂ
/ dʒʌdʒ /

動 判断する

派 名 **judgment**（判断）
例 **judge** from a person's expression
（人の表情から判断する）

☑ 0412

locate
ロウケイト
/ lóʊkeɪt /

動 を設置する

派 名 **location**（位置）
例 be **located** far from the city
（街から遠くに設置されている）

☑ 0413

occur
オカ～
/ əkə́ːʳ /　　🎤アク

動 起こる

派 名 **occurrence**（発生）
例 be likely to **occur** in the near future
（近い将来に起こりそうである）

☑ 0414

pack
パック
/ pæk /

動 を詰め込む

派 名 **package**（包み）
例 **pack** books in a box（本を箱に詰め込む）

☑ 0415

predict
プリディクト
/ prɪdíkt /

動 を予言する

派 名 **prediction**（予言）
例 **predict** that there will be a heat wave
（熱波が来ると予測する）

☑ 0416

struggle
ストゥラグル
/ strʌ́gəl /

動 もがく

例 **struggle** with a difficult question
（難問と格闘する）

☑ 0417	**succeed** サクスィード / səksíːd /	動 成功する 派 名 **success**（成功） 例 **succeed** in building a bridge （橋を架けることに成功する）
☑ 0418	**surround** サラウンド / səráund /	動 を囲む 派 名 **surrounding**（環境） 例 be **surrounded** by a lot of loving friends （愛情に満ちた大勢の友人たちに囲まれている）
☑ 0419	**transport** トゥランスポート / trænspɔ́ːt /	動 を運ぶ 派 名 **transportation**（輸送） 例 **transport** people（人々を輸送する）
☑ 0420	**advise** アドゥヴァイズ / ədváiz /	動 に助言する 派 名 **advice**（助言） 例 **advise** a person to go to bed early （人に早く寝るよう助言する）
☑ 0421	**ban** バン / bæn /	動 を禁止する 例 **ban** smoking at a site （敷地内での喫煙を禁止する）
☑ 0422	**combine** コンバイン / kəmbáin /　🎤アク	動 を結び付ける 派 名 **combination**（結合） 例 **combine** oxygen with another substance （酸素を他の物質と結び付ける）
☑ 0423	**compare** コンペア / kəmpéəʳ /	動 を比較する 派 名 **comparison**（比較） 例 **compare** the figure with the latest one （数字を最新のものと比較する）
☑ 0424	**decline** ディクライン / dikláin /	動 減少する 例 have been **declining** for years （何年間か減少し続けている）

まとめてCheck!	語源をCheck！ − dict「言う」
dictate	dict（言う）＋ate（する, させる）→（を書き取らせる）
contradict	contra（反対の）＋dict（言う）→（を否定する）
predict	pre（前に）＋dict（言う）→（を予言する）

☑ 0425	**depend** ディペンド / dɪpénd /	**動 次第である** 派 形 **dependent**（次第である） 例 **depend** on the weight（重さ次第である）
☑ 0426	**disappear** ディスアピア / dìsəpíəʳ /	**動 見えなくなる** 派 名 **disappearance**（消失） 例 **disappear** in a crowd（人混みに消える）
☑ 0427	**estimate** エスティメイト / éstɪmeɪt /　　●発音	**動 を見積もる** 例 **estimate** that two thousand people will attend the meeting（集会に 2 千人が参加するだろうと見積もる）
☑ 0428	**force** フォース / fɔːʳs /	**動 に強いる** 例 **force** a person to leave home （人にすみかを離れることを強いる）
☑ 0429	**heal** ヒール / hiːl /	**動 を治す** 例 **heal** wounds rapidly（傷を素早く治す）
☑ 0430	**hunt** ハント / hʌnt /	**動 を狩る** 派 名 **hunter**（狩りをする人） 例 **hunt** elephants（象を狩る）
☑ 0431	**imitate** イミテイト / ímɪteɪt /　　🎤アク	**動 をまねる** 派 名 **imitation**（まね） 例 **imitate** human movements （人間の動きをまねる）
☑ 0432	**influence** インフルエンス / ínfluəns /　　🎤アク	**動 に影響を及ぼす** 派 形 **influential**（影響を及ぼす） 例 **influence** children's health （子どもたちの健康に影響を及ぼす）
☑ 0433	**inform** インフォーム / ɪnfɔːʳm /	**動 に知らせる** 派 名 **information**（情報） 例 **inform** the students about an examination （生徒たちに試験のことを知らせる）

☑ 0434	**injure** インヂァ / índʒə^r /	動 を傷つける 派 名 **injury**（けが） 例 **injure** one's foot（足をけがする）

☑ 0435	**match** マッチ / mætʃ /	動 に似合う 例 **match** a person's dress （人のドレスに似合う）

☑ 0436	**mention** メンション / ménʃən /	動 と述べる 例 **mention** that there is a possibility （可能性があると述べる）

☑ 0437	**mix** ミックス / mɪks /	動 を混ぜる 派 名 **mixture**（混合物） 例 **mix** materials together （材料を一緒に混ぜる）

☑ 0438	**observe** オブザ〜ヴ / əbzə́ː^rv /	動 を観察する 派 名 **observation**（観察） 例 **observe** what happens （何が起こるか観察する）

☑ 0439	**operate** アペレイト / ɑ́ːpəreɪt /	動 を操作する 派 名 **operation**（操作） 例 **operate** a device（装置を操作する）

☑ 0440	**persuade** パスウェイド / pə^rswéɪd / ●発音	動 を説得する 派 名 **persuasion**（説得） 例 **persuade** a student to continue to study （学業を続けるように学生を説得する）

☑ 0441	**pretend** プリテンド / prɪténd /	動 ふりをする 派 名 **pretense**（見せかけ） 例 **pretend** to be a college professor （大学教授のふりをする）

☑ 0442	**refer** リファ〜 / rɪfə́ː^r / 🎤アク	動 言及する 派 名 **reference**（言及） 例 **refer** to an increase in the number of unemployed（失業者数の増加に言及する）

☑ 0443	**rely** リ**ライ** / rɪláɪ /	**動 頼る** 派 形 **reliable**（信頼できる） 例 **rely** on electricity in everyday life （日々の生活で電気に頼る）
☑ 0444	**represent** レプリ**ゼント** / rèprɪzént /	**動 を代表する** 派 名 **representative**（代表） 例 three students **representing** the school （学校を代表する3人の生徒）
☑ 0445	**reserve** リ**ザ〜ヴ** / rɪzə́ːv /	**動 を予約する** 派 名 **reservation**（予約） 例 **reserve** a room for a meeting （会議のための部屋を予約する）
☑ 0446	**respond** リス**パンド** / rɪspɑ́ːnd /	**動 反応する** 派 名 **response**（反応） 例 **respond** quickly to change （変化に素早く反応する）
☑ 0447	**restore** リス**トー**(ァ) / rɪstɔ́ːr /	**動 を回復する** 派 名 **restoration**（回復） 例 **restore** the natural environment lost to development （開発で失われた自然環境を回復する）
☑ 0448	**retire** リ**タイア** / rɪtáɪər /	**動 退職する** 派 名 **retirement**（退職） 例 be **retiring** early from one's job （仕事を早期退職しようとしている）
☑ 0449	**share** **シェア** / ʃeər /	**動 を分かち合う** 例 **share** a room with another person （人と部屋をシェアする）
☑ 0450	**shock** **シャック** / ʃɑːk /	**動 をびっくりさせる** 派 形 **shocking**（衝撃的な） 例 **shock** the world by announcing the discovery of ruins（遺跡の発見を発表して世界をびっくりさせる）
☑ 0451	**supply** サプ**ライ** / səpláɪ /	**動 を供給する** 派 名 **supplier**（供給者） 例 **supply** food to families lacking in necessities （必需品に事欠く家庭に食料を供給する）

☑ 0452	**surf** サ〜フ / səːf /	動 サーフィンをする 例 go **surfing** at Chigasaki （茅ヶ崎にサーフィンをしに行く）

☑ 0453	**survive** サヴァイヴ / səváiv /	動 生き延びる 派 名 **survival**（生き延びること） 例 **survive** in Siberia's winter （シベリアの冬を生き延びる）

☑ 0454	**switch** スウィッチ / swítʃ /	動 切り替える 例 **switch** from artificial flavors to natural ones（人工香料から天然香料に切り替える）

☑ 0455	**threaten** スレトゥン / θrétn /　●発音	動 を脅かす 派 名 **threat**（脅威） 例 be **threatened** by a fatal disease （死に至る病に脅かされる）

☑ 0456	**transfer** トゥランスファ〜 / trænsfəː /　🎤アク	動 を移動させる 名 / trǽnsfəː / 移動 例 **transfer** money to a secret bank account （金を秘密の銀行口座に移動させる）

☑ 0457	**admit** アドミット / ədmít /	動 を認める 派 名 **admission**（承認） 例 **admit** that there is a problem with a project （プロジェクトに問題があると認める）

☑ 0458	**analyze** アナライズ / ǽnəlaiz /	動 を分析する 派 名 **analysis**（分析） 例 **analyze** human emotions （人間の感情を分析する）

☑ 0459	**approve** アプルーヴ / əprúːv /	動 を認める 派 名 **approval**（承認） 例 **approve** the budget for the following year （翌年の予算案を承認する）

☑ 0460	**assist** アスィスト / əsíst /	動 を助ける 派 名 **assistance**（援助） 例 **assist** a person financially （人を経済的に助ける）

☑ 0461	**behave** ビヘイヴ / bihéiv / ●発音	動 振る舞う 派 名 **behavior** (振る舞い) 例 **behave** like a child （子どもじみた振る舞いをする）
☑ 0462	**bite** バイト / baɪt /	動 をかむ 派 形 **biting** (痛烈な) 例 be **bitten** by a neighbor's dog （隣人の犬にかまれる）
☑ 0463	**book** ブック / bʊk /	動 を予約する 例 **book** a flight（飛行機を予約する）
☑ 0464	**calculate** キャルキュレイト / kælkjəleɪt / ●アク	動 を計算する 派 名 **calculation** (計算) 例 **calculate** the length of the equator （赤道の長さを計算する）
☑ 0465	**confuse** コンフューズ / kənfjúːz /	動 を混同する 派 名 **confusion** (混同) 例 **confuse** rugby with American football （ラグビーをアメリカンフットボールと混同する）
☑ 0466	**contribute** コントゥリビュート / kəntríbjuːt / ●アク	動 貢献する 派 名 **contribution** (貢献) 例 **contribute** to a reduction in greenhouse gas（温室効果ガスの削減に貢献する）
☑ 0467	**correct** コレクト / kərékt /	動 を修正する 派 名 **correction** (修正) 例 **correct** a mistake（誤りを修正する）
☑ 0468	**criticize** クリティサイズ / kríṭəsaɪz /	動 を批判する 派 名 **critic** (批評家) 例 **criticize** the government（政府を批判する）
☑ 0469	**describe** ディスクライブ / dɪskráɪb /	動 を描写する 派 名 **description** (描写) 例 **describe** a scene in detail （場面を詳細に描写する）

☑ 0470 display
ディスプレイ
/ dɪspléɪ /

動 を展示する
例 be **displayed** in a window
（ショーウインドーに陳列される）

☑ 0471 edit
エディット
/ édɪt /

動 を編集する
派 形 **editorial**（編集の）
例 **edit** a book（本を編集する）

☑ 0472 emphasize
エンファサイズ
/ émfəsaɪz /

動 を重要視する
派 名 **emphasis**（重要視）
例 **emphasize** the risks rather than the returns
（見返りよりもむしろリスクを重要視する）

☑ 0473 establish
エスタブリシ
/ ɪstǽblɪʃ /

動 を確立する
派 名 **establishment**（確立）
例 **establish** a new control system
（新しい制御システムを確立する）

☑ 0474 evolve
イヴァルヴ
/ ɪvɑ́ːlv /

動 進化する
派 名 **evolution**（進化）
例 **evolve** to use hands
（進化して両手を使うようになる）

☑ 0475 fade
フェイド
/ feɪd /

動 薄れる
例 **fade** from a person's view
（人の視界から消える）

☑ 0476 flow
フロウ
/ floʊ /

動 流れる
例 **flow** into the sea（海へと流れ込む）

☑ 0477 freeze
フリーズ
/ friːz /

動 凍る
派 形 **frozen**（凍った）
例 stop the streets from **freezing** during the winter（冬の間に通りが凍るのを防ぐ）

☑ 0478 handle
ハンドゥル
/ hǽndl /

動 を扱う
例 **handle** a suitcase with care
（スーツケースを注意して扱う）

☑ 0479	**hang** ハング / hæŋ /	動 をつるす 派 形 **hanging**（つり下げ用の） 例 **hang** a towel on the wall in the bathroom （トイレの壁にタオルをつるす）
☑ 0480	**identify** アイデンティファイ / aidéntəfai /	動 を特定する 派 名 **identification**（識別） 例 **identify** the cause of the problem （問題の原因を特定する）
☑ 0481	**ignore** イグノー(ァ) / ignɔ́ːr /	動 を無視する 派 名 **ignorance**（無知） 例 **ignore** a person（人を無視する）
☑ 0482	**impress** インプレス / imprés /	動 に感銘を与える 派 名 **impression**（感銘） 例 be **impressed** by a performance （演技に感銘を受ける）
☑ 0483	**insist** インスィスト / insíst /	動 を強く主張する 派 名 **insistence**（強い主張） 例 **insist** that all the members should attend the meeting （メンバー全員が会議に出席するべきだと強く主張する）
☑ 0484	**interrupt** インタラプト / intərʌ́pt /	動 を妨げる 派 名 **interruption**（妨害） 例 **interrupt** a person's meal （人の食事を邪魔する）
☑ 0485	**invest** インヴェスト / invést /	動 を投資する 派 名 **investment**（投資） 例 **invest** money in new technology （新技術に金を投資する）
☑ 0486	**investigate** インヴェスティゲイト / invéstigeit /	動 を調査する 派 名 **investigation**（調査） 例 **investigate** the cause of an accident （事故の原因を調査する）
☑ 0487	**knock** ナック / nɑːk /	動 ノックする 例 **knock** on a door（ドアをノックする）

☑ 0488	**lessen** レスン / lésən /	動 を少なくする 派 形 **less**（より少ない） 例 **lessen** environmental damage （環境破壊を減らす）
☑ 0489	**lift** リフト / lɪft /	動 を真っすぐ持ち上げる 例 **lift** weights above one's head （ウエイトを頭上に持ち上げる）
☑ 0490	**limit** リミト / límɪt /	動 を制限する 派 名 **limitation**（限界） 例 **limit** the number of attendees （参加者の数を制限する）
☑ 0491	**maintain** メインテイン / meɪntéɪn /	動 を維持する 派 名 **maintenance**（維持） 例 **maintain** regular intervals （等間隔を維持する）
☑ 0492	**pour** ポー(ァ) / pɔːʳ /　●発音	動 を注ぐ 例 **pour** hot water into a cup（カップに湯を注ぐ）
☑ 0493	**recover** リカヴァ / rɪkʌ́vəʳ /	動 回復する 派 名 **recovery**（回復） 例 **recover** from a typhoon （台風の被害から回復する）
☑ 0494	**regard** リガード / rɪɡɑ́ːʳd /	動 を見なす 派 形 **regardless**（無頓着な） 例 **regard** the novel as the author's masterpiece （その小説を作者の代表作と見なす）
☑ 0495	**register** レヂスタァ / rédʒɪstəʳ /　●アク	動 登録する 派 名 **registration**（登録） 例 **register** for some e-mail newsletters （いくつかのメールマガジンに登録する）
☑ 0496	**rush** ラッシ / rʌʃ /	動 急いで行く 例 **rush** to the site of an accident （事故現場へ急行する）

☑ 0497	**seal** スィール / siːl /	動 を密閉する 例 **seal** a container with wax （ろうで容器を密封する）
☑ 0498	**sink** スィンク / sɪŋk /	動 沈む 例 **sink** to the bottom of a pond（池の底に沈む）
☑ 0499	**specialize** スペシャライズ / spéʃəlaɪz /	動 専門にする 派 名 **specialization**（専門化） 例 **specialize** in producing movies （映画の制作を専門にする）
☑ 0500	**spill** スピル / spɪl /	動 をこぼす 例 **spill** coffee on papers （書類の上にコーヒーをこぼす）
☑ 0501	**strengthen** ストゥレンクスン / stréŋkθən /　●発音	動 を強化する 派 名 **strength**（力） 例 **strengthen** security in a museum （美術館のセキュリティーを強化する）
☑ 0502	**surprise** サプライズ / səˈprɑɪz /	動 を驚かす 派 形 **surprising**（驚かせるような） 例 be **surprised** at a person's arrogance （人の横柄さに驚く）
☑ 0503	**tend** テンド / tend /	動 傾向がある 派 名 **tendency**（傾向） 例 **tend** to avoid difficult tasks （難しい仕事を避ける傾向がある）
☑ 0504	**translate** トゥランスレイト / trǽnsleɪt /	動 を翻訳する 派 名 **translation**（翻訳） 例 **translate** a French document into English （フランス語の書類を英語に翻訳する）
☑ 0505	**trap** トゥラップ / træp /	動 を捕らえる 例 get **trapped** in a cage（かごに捕らえられる）

update

☑ 0506

アプ**デイ**ト
/ ʌ́pdèit /

動 を最新のものにする
例 **update** the password for one's account
（口座のパスワードを最新のものにする）

vary

☑ 0507

ヴェアリィ
/ véəri /
●発音

動 異なる
派 形 **various**（さまざまな）
例 **vary** widely in strength（強度が大きく異なる）

weigh

☑ 0508

ウェイ
/ wei /

動 重さがある
派 名 **weight**（重さ）
例 **weigh** around 45 kilograms
（重さが **45kg** くらいある）

wipe

☑ 0509

ワイプ
/ waip /

動 を拭き取る
例 **wipe** the tears from one's eyes
（目から涙を拭う）

adapt

☑ 0510

ア**ダ**プト
/ ədǽpt /

動 適応する
派 名 **adaptation**（適応）
例 **adapt** to temperature changes
（気温の変化に適応する）

amuse

☑ 0511

ア**ミュー**ズ
/ əmjúːz /

動 を楽しませる
派 名 **amusement**（楽しみ）
例 **amuse** elderly people by showing old movies
（古い映画を見せて老人たちを楽しませる）

approach

☑ 0512

アプ**ロウ**チ
/ əpróutʃ /
●発音

動 に近づく
例 a way to **approach** a frontier safely
（国境地帯に安全に近づく方法）

blow

☑ 0513

ブ**ロ**ウ
/ blou /

動 吹く
派 形 **blown**（ふくれた）
例 **blow** on hot soup to cool it
（熱いスープを吹いて冷ます）

bore

☑ 0514

ボー(ァ)
/ bɔːr /

動 をうんざりさせる
派 形 **boring**（うんざりさせるような）
例 **bore** a person with stupid jokes
（ばかげた冗談で人をうんざりさせる）

☑ 0515 **bother** バザァ / báːðəʳ /	動 を悩ませる 例 be **bothered** by mosquitoes （蚊に悩まされる）
☑ 0516 **broadcast** ブロードゥキャスト / brɔ́ːdkæst /	動 を放送する 派 名 **broadcasting**（放送） 例 **broadcast** a program for children on the radio（ラジオで子ども向けの番組を放送する）
☑ 0517 **care** ケア / keəʳ /	動 気遣う 派 形 **careful**（注意深い） 例 **care** a lot about one's health （健康を非常に気に掛ける）
☑ 0518 **communicate** コミューニケイト / kəmjúːnɪkeɪt /　🎤アク	動 意思を伝え合う 派 名 **communication**（意思疎通） 例 **communicate** with foreign people in English （外国の人々と英語で意思を伝え合う）
☑ 0519 **cooperate** コウアペレイト / kouɑ́ːpəreɪt /	動 協力する 派 名 **cooperation**（協力） 例 **cooperate** with neighbors during a disaster （災害時に隣人と協力する）
☑ 0520 **defend** ディフェンド / dɪfénd /	動 を防御する 派 名 **defense**（防御） 例 **defend** a border against a neighbor's invasion（隣国の侵略に備えて国境を防衛する）
☑ 0521 **deserve** ディザ〜ヴ / dɪzɚ́ːv /	動 を（受ける）価値がある 派 形 **deserving**（値する） 例 a person who **deserves** respect （尊敬に値する人物）
☑ 0522 **detect** ディテクト / dɪtékt /	動 を見つける 派 名 **detective**（探偵） 例 **detect** injuries by scanning the whole body （全身をスキャンすることでけがを見つける）
☑ 0523 **dig** ディッグ / dɪg /	動 を掘る 例 **dig** wells in developing countries （発展途上国で井戸を掘る）

☑ 0524	**disagree** ディサグ**リー** / dìsəgríː /	動 意見が合わない 派 名 disagreement (意見の不一致) 例 **disagree** with one's father on lifestyle （生活スタイルについて父親と意見が合わない）
☑ 0525	**divide** ディ**ヴァイ**ド / dɪváɪd /	動 を分割する 派 名 division (分割) 例 **divide** the land into four zones （土地を 4 つの区域に分割する）
☑ 0526	**doubt** **ダ**ウト / daʊt /　　●発音	動 を疑う 派 形 doubtful (疑っている) 例 **doubt** how effective a medicine is against a disease（薬が病気にどれだけ効果があるのか疑う）
☑ 0527	**earn** **ア**～ン / ɑ˞ːn /	動 を得る 派 名 earnings (所得) 例 **earn** a lot of money（たくさんのお金を稼ぐ）
☑ 0528	**elect** イ**レ**クト / ɪlékt /	動 を選出する 派 名 election (選挙) 例 **elect** Mr. Obama U.S. president （オバマ氏を米国大統領に選出する）
☑ 0529	**encounter** エン**カ**ウンタァ / ɪnkáʊntə˞ /	動 に遭遇する 例 **encounter** a problem beyond imagination （想像を超えた問題に遭遇する）
☑ 0530	**erase** イ**レ**イス / ɪréɪs /	動 を消去する 派 名 eraser (消しゴム) 例 **erase** mistakes using the delete key （削除キーを使って間違いを消去する）
☑ 0531	**escape** エス**ケ**イプ / ɪskéɪp /	動 逃げる 例 **escape** from a cage（かごから逃げ出す）
☑ 0532	**excite** イク**サ**イト / ɪksáɪt /	動 を興奮させる 派 名 excitement (興奮) 例 be **excited** about becoming a champion （チャンピオンになって興奮する）

☑ 0533

explore

イクスプロー(ァ)
/ ɪksplɔ́ːʳ /

動 を探索する
派 名 **exploration**（探索）
例 **explore** another planet in the solar system
（太陽系の他の惑星を探索する）

☑ 0534

express

イクスプレス
/ ɪksprés /

動 を表現する
派 名 **expression**（表現）
例 **express** a feeling in a word
（感情を一言で表現する）

☑ 0535

fear

フィア
/ fɪəʳ /

動 と懸念する
派 形 **fearful**（恐ろしい）
例 **fear** that income may be reduced
（収入が減るかもしれないと懸念する）

☑ 0536

fold

フォウルド
/ foʊld /

動 を折る
派 名 **folder**（フォルダー）
例 **fold** a newspaper neatly in four
（新聞をきちんと 4 つに折る）

☑ 0537

forgive

フォギヴ
/ fəʳɡív /

動 を許す
例 **forgive** a person for breaking a promise
（人が約束を破ったのを許す）

☑ 0538

generate

ヂェネレイト
/ dʒénəreɪt /

動 を生み出す
派 名 **generation**（一世代）
例 **generate** profits by selling goods
（物品を売って収益を生み出す）

☑ 0539

hate

ヘイト
/ heɪt /

動 を嫌う
派 名 **hatred**（嫌悪）
例 **hate** leaving home for a long time
（長期間家を離れるのを嫌がる）

☑ 0540

hesitate

ヘズィテイト
/ hézɪteɪt /

動 をためらう
派 名 **hesitation**（ためらい）
例 **hesitate** to ask questions in a class
（授業中に質問するのをためらう）

☑ 0541

hide

ハイド
/ haɪd /

動 を隠す
派 形 **hidden**（隠れた）
例 **hide** stolen goods in a barn
（盗品を納屋に隠す）

☑ 0542	**import** インポート / impɔ́ːˀt / 🎤アク	動 を輸入する 名 / ímpɔːˀt / 輸入 例 **import** crops from Australia （オーストラリアから穀物を輸入する）
☑ 0543	**install** インストール / ɪnstɔ́ːl /	動 を設置する 派 名 **installation**（設置） 例 **install** two computers in the library for finding books （本の検索用に2台のコンピューターを図書館に設置する）
☑ 0544	**melt** メルト / melt /	動 融ける 例 start to **melt** in the spring （春になると融け始める）
☑ 0545	**memorize** メモライズ / méməraɪz /	動 を暗記する 派 名 **memory**（記憶） 例 try to **memorize** all the numbers （全ての番号を暗記しようとする）
☑ 0546	**obey** オウベイ / oʊbéɪ /	動 に従う 派 名 **obedience**（服従） 例 **obey** the rules（規則に従う）
☑ 0547	**obtain** オブテイン / əbtéɪn /	動 を入手する 派 形 **obtainable**（入手可能な） 例 wish for something hard to **obtain** （手に入れるのが難しい物を望む）
☑ 0548	**oppose** オポウズ / əpóʊz /	動 に反対する 派 名 **opposition**（反対） 例 **oppose** the ruling party's plan （与党の計画に反対する）
☑ 0549	**overlook** オウヴァルック / òʊvəˀlʊ́k /	動 を見落とす 例 **overlook** an important fact （重要な事実を見落とす）

まとめてCheck!	反意語をCheck!
hate	⇔ **love**（を愛している）
import	⇔ **export**（を輸出する）
melt	⇔ **freeze**（凍る）

☑ 0550	**process** プラセス / prάːses /	動 を処理する 派 動 **proceed**（進む） 例 **process** collected information effectively （集まった情報を効率よく処理する）
☑ 0551	**prove** プルーヴ / pruːv /	動 を証明する 派 名 **proof**（証明） 例 **prove** that a person is innocent （人が潔白であると証明する）
☑ 0552	**react** リアクト / riǽkt /	動 対応する 派 名 **reaction**（対応） 例 **react** swiftly to a difficult situation （困難な状況に迅速に対応する）
☑ 0553	**relieve** リリーヴ / rilíːv /	動 を和らげる 派 名 **relief**（軽減） 例 **relieve** pain with a drug （薬で痛みを和らげる）
☑ 0554	**request** リクウェスト / rikwést /	動 を依頼する 例 **request** a person to get out of one's way （人に道を空けてくれるように頼む）
☑ 0555	**reverse** リヴァ〜ス / rivə́ːrs /	動 に逆行する 例 **reverse** the trend toward using smartphones （スマートフォンを使う傾向に逆行する）
☑ 0556	**reward** リウォード / riwɔ́ːrd /	動 に報いる 例 **reward** a person with praise and money （賞賛と金で人に報いる）
☑ 0557	**rob** ラブ / rɑːb /	動 (場所)を襲う 派 名 **robber**（強盗） 例 **rob** a bank of a million dollars （銀行から100万ドル奪う）
☑ 0558	**scan** スキャン / skǽn /	動 をスキャンする 例 **scan** the human body to find diseases （病気を発見するために人体をスキャンする）

| ☑ 0559 | **select**
セレクト
/ səlékt / | 動 を選ぶ
派 名 **selection**（選択）
例 **select** appropriate words（適切な語を選ぶ） |

| ☑ 0560 | **shorten**
ショートゥン
/ ʃɔ́ːtn / | 動 を短くする
派 形 **short**（短い）
例 have a dress **shortened**
（ワンピースの丈を短くしてもらう） |

| ☑ 0561 | **sort**
ソート
/ sɔːt / | 動 を分類する
例 **sort** a pile of letters（手紙の山を分類する） |

| ☑ 0562 | **spell**
スペル
/ spel / | 動 をつづる
派 名 **spelling**（つづり）
例 **spell** a person's name right
（人の名前を正しくつづる） |

| ☑ 0563 | **sweep**
スウィープ
/ swiːp / | 動 襲来する
派 形 **sweeping**（すさまじい）
例 a hurricane which **swept** across Florida to the Atlantic
（フロリダを襲って大西洋へ抜けたハリケーン） |

| ☑ 0564 | **tolerate**
タレレイト
/ tɑ́ːlərèit / | 動 に耐える
派 名 **tolerance**（忍耐）
例 **tolerate** severe cold（厳寒に耐える） |

| ☑ 0565 | **track**
トゥラック
/ træk / | 動 をたどる
例 **track** the movement of customers in a shop（店内での顧客の動きをたどる） |

| ☑ 0566 | **transmit**
トゥランスミット
/ trænsmit / | 動 を伝える
派 名 **transmission**（伝達）
例 **transmit** electric signals to the brain
（脳に電気信号を伝える） |

| ☑ 0567 | **witness**
ウィトゥネス
/ witnəs / | 動 を目撃する
例 **witness** a historic event
（歴史的な出来事を目撃する） |

RANK **B** おさえておきたい重要単語

英検2級名詞

☑ 0568

behavior

ビ**ヘ**イヴァ
/ bihéivjə /

名 振る舞い, 行動

派 動 **behave** (振る舞う)
例 imitate human **behavior**
(人間の行動をまねる)

☑ 0569

campus

キャンパス
/ kæmpəs /

名 大学構内

例 take a job on **campus** (学内で仕事を得る)

☑ 0570

climate

ク**ラ**イメト
/ kláimət /
●発音

名 気候

派 形 **climatic** (気候の)
例 try to control the **climate**
(気候をコントロールしようとする)

☑ 0571

contract

カントゥラクト
/ kɑ́:ntrækt /

名 契約

例 sign a **contract** for security services
(警備サービスの契約書に署名する)

☑ 0572

costume

カストゥーム
/ kɑ́:stu:m /

名 衣装

例 make **costumes** for a play (劇の衣装を作る)

☑ 0573

delivery

ディ**リ**ヴァリィ
/ dilívəri /

名 配達

派 動 **deliver** (を配達する)
例 provide **delivery** for a charge
(有料で配達する)

☑ 0574

diet

ダイエト
/ dáiət /

名 ダイエット

派 形 **dietary** (食事の)
例 be on a **diet** (ダイエット中である)

☑ 0575

drug

ドゥ**ラ**ッグ
/ drʌg /

名 薬

例 take a **drug** to cure a disease
(病気を治すために薬を服用する)

☑ 0576	**entrance** エントゥランス / éntrəns /	名 入り口 派 動 **enter** (入る) 例 show the ticket at the **entrance** (入り口でチケットを見せる)

☑ 0577	**estate** エス**テ**イト / ɪstéɪt /	名 地所, 屋敷 例 contact a real **estate** agent (不動産屋に連絡する)

☑ 0578	**exhibit** イグ**ズ**ィビト / ɪgzíbɪt / ●発音	名 展覧会 派 名 **exhibition** (展覧会) 例 look at a special **exhibit** in a museum (博物館の特別展を見る)

☑ 0579	**illness** **イ**ルネス / ílnəs /	名 病気 派 形 **ill** (病気の) 例 treat an **illness** with medicine (薬で病気を治療する)

☑ 0580	**injury** **イ**ンヂュリィ / índʒəri /	名 けが 派 動 **injure** (を傷つける) 例 recover from a serious **injury** (大けがから回復する)

☑ 0581	**law** ロー / lɔː / ●発音	名 法律 派 名 **lawyer** (弁護士) 例 make **laws** against selling firearms (銃の販売に対する法律を作る)

☑ 0582	**muscle** **マ**スル / mʌ́səl / ●発音	名 筋肉 派 形 **muscular** (筋肉の) 例 damage a leg **muscle** (脚の筋肉を損傷する)

☑ 0583	**package** パ**ケ**ヂ / pǽkɪdʒ /	名 セット 派 動 **pack** (をひとまとめにする) 例 a **package** tour offered by a travel agency (旅行代理店によって提供されたパック旅行)

まとめてCheck!	関連語をCheck！- illness(病気)		
cancer	(がん)	depression	(うつ病)
cold	(風邪)	diabetes	(糖尿病)
hay fever	(花粉症)	sinus infection	(蓄膿症)
hypertension	(高血圧症)	asthma	(ぜんそく)

☑ 0584

position

ポ**ズィ**ション
/ pəzíʃən /

名 地位
派 形 **positive** (明確な)
例 accept a manager's **position** at a new branch
（新しい支店で支配人の地位を引き受ける）

☑ 0585

production

プロ**ダ**クション
/ prədʌ́kʃən /

名 製造
派 動 **produce** (を製造する)
例 abandon motor vehicle **production**
（自動車の製造をやめる）

☑ 0586

recipe

レスィピ
/ résəpi /

名 レシピ
例 try a new **recipe** for vegetable soup
（野菜スープの新しいレシピを試す）

☑ 0587

resident

レズィデント
/ rézidənt /

名 居住者
派 形 **residential** (住宅の)
例 ask a local **resident** how to get to the library
（地元の住民に図書館への行き方を尋ねる）

☑ 0588

responsibility

リスパンスィ**ビ**リティ
/ rɪspɑ̀ːnsəbíləti /

名 責任
派 形 **responsible** (責任がある)
例 develop a sense of **responsibility** as a manager
（支配人としての責任感を持つようになる）

☑ 0589

satellite

サトゥライト
/ sǽtlaɪt /

名 衛星
例 show a photograph taken by a weather **satellite**
（気象衛星によって撮影された写真を見せる）

☑ 0590

secretary

セクレテリィ
/ sékrəteri /

名 秘書
例 get a job as a **secretary** at a law firm
（法律事務所で秘書の仕事を得る）

☑ 0591

section

セクション
/ sékʃən /

名 区画
例 wander around the ladies' clothing **section** in a department store
（デパートの婦人服売り場をぶらぶらする）

☑ 0592

source

ソース
/ sɔːrs /

名 源
例 develop a new **source** of energy
（新しいエネルギー源を開発する）

☐ 0593	**spot** スパット / spɑːt /	名 **地点** 例 show a tourist the way to a viewing **spot** （観光客に景観地への行き方を教える）
☐ 0594	**task** タスク / tæsk /	名 **仕事** 例 perform a complicated **task** in a short time （短い時間で複雑な仕事をこなす）
☐ 0595	**technique** テクニーク / tekniːk /	名 **技術** 派 形 **technical**（技術上の） 例 develop a new **technique** using a new instrument （新しい道具を使った新しい技術を開発する）
☐ 0596	**threat** スレット / θret /　●発音	名 **脅威** 派 動 **threaten**（を脅かす） 例 be a great **threat** to elephants in Africa （アフリカの象にとって大きな脅威である）
☐ 0597	**trash** トゥラッシ / træʃ /	名 **ごみ** 例 pick up **trash** on the sidewalk （歩道のごみを拾う）
☐ 0598	**wage** ウェイヂ / weɪdʒ /	名 **賃金** 例 raise **wages** of part-time workers （アルバイトの労働者の賃金を上げる）
☐ 0599	**anniversary** アニヴァ〜サリィ / æniˈvɜːsəri /	名 **記念日** 例 the 70th **anniversary** of the founding of the company（会社設立70周年記念日）
☐ 0600	**aim** エィム / eɪm /	名 **目的** 例 confirm the **aim** of activities （活動の目的を確認する）

まとめてCheck!	類語をCheck！ー「仕事」
work	一般的な意味での仕事
job	具体的な内容を持った特定の1つの仕事
task	義務・任務として課せられた仕事
labor	骨の折れる辛い仕事

☑ 0601	**cafeteria** キャフェ**ティ**アリア / kæfətíəriə /	名 カフェテリア 例 eat lunch in the office **cafeteria** （会社のカフェテリアで昼食を食べる）
☑ 0602	**clerk** ク**ラ**〜ク / kləːʳk /	名 店員 例 ask a **clerk** if credit cards are accepted （クレジットカードが使えるか店員に尋ねる）
☑ 0603	**degree** ディグ**リー** / dıgríː /	名 学位 例 get a master's **degree** in education （教育学で修士の学位を取る）
☑ 0604	**dirt** **ダ**〜ト / dəːʳt /	名 泥 派 形 **dirty**（汚い） 例 remove **dirt** and stains from clothes （泥やしみを衣類から除去する）
☑ 0605	**disaster** ディ**ザ**スタァ / dızǽstəʳ /	名 災害 派 形 **disastrous**（災害を引き起こす） 例 prepare for an unexpected **disaster** （予期しない災害に備える）
☑ 0606	**discovery** ディス**カ**ヴァリィ / dıskʌ́vəri /	名 発見 派 動 **discover**（を発見する） 例 announce the **discovery** of ruins in a forest （森の中の遺跡の発見を公表する）
☑ 0607	**distance** **ディ**スタンス / dístəns /	名 距離 派 形 **distant**（遠い） 例 walk a long **distance** to get food （食料を得るために長い距離を歩く）
☑ 0608	**economics** イーコ**ナ**ミクス / iːkənɑ́ːmıks /	名 経済学 派 名 **economy**（経済） 例 major in **economics** at college （大学で経済学を専攻する）
☑ 0609	**forecast** **フォ**〜キャスト / fɔ́ːʳkæst /	名 予報 例 according to the weather **forecast** （天気予報によると）

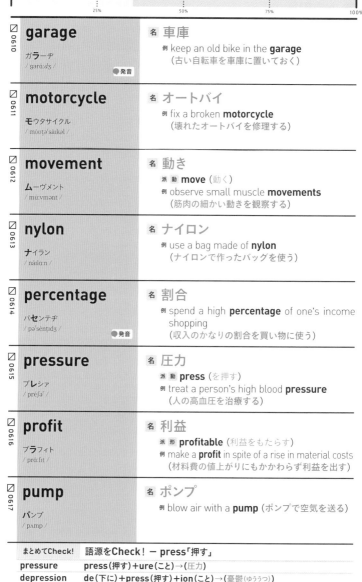

☑ 0610	**garage** ガラーヂ / gərúːdʒ /　●発音	名 車庫 例 keep an old bike in the **garage** （古い自転車を車庫に置いておく）
☑ 0611	**motorcycle** モウタサイクル / móutəˌsàikəl /	名 オートバイ 例 fix a broken **motorcycle** （壊れたオートバイを修理する）
☑ 0612	**movement** ムーヴメント / múːvmənt /	名 動き 派 動 **move**（動く） 例 observe small muscle **movements** （筋肉の細かい動きを観察する）
☑ 0613	**nylon** ナイラン / náilɑːn /	名 ナイロン 例 use a bag made of **nylon** （ナイロンで作ったバッグを使う）
☑ 0614	**percentage** パセンテヂ / pərséntidʒ /　●発音	名 割合 例 spend a high **percentage** of one's income shopping （収入のかなりの割合を買い物に使う）
☑ 0615	**pressure** プレシャ / préʃər /	名 圧力 派 動 **press**（を押す） 例 treat a person's high blood **pressure** （人の高血圧を治療する）
☑ 0616	**profit** プラフィト / prɑ́ːfit /	名 利益 派 形 **profitable**（利益をもたらす） 例 make a **profit** in spite of a rise in material costs （材料費の値上がりにもかかわらず利益を出す）
☑ 0617	**pump** パンプ / pʌmp /	名 ポンプ 例 blow air with a **pump**（ポンプで空気を送る）

まとめてCheck!	語源をCheck！－ press「押す」
pressure	press(押す)＋ure(こと)→(圧力)
depression	de(下に)＋press(押す)＋ion(こと)→(憂鬱(ゆううつ))
expression	ex(外へ)＋press(押す)＋ion(こと)→(表現)
impression	im(中へ)＋press(押す)＋ion(こと)→(印象)

☑ 0618	**purpose** パ〜パス / páːʳpəs / ●発音	名 目的 派 副 **purposely**（わざと） 例 use a tool for other **purposes** （道具を他の目的に使う）
☑ 0619	**safety** セイフティ / séɪfti /	名 安全 派 形 **safe**（安全な） 例 drive a car in accordance with **safety** rules （安全規則に従いつつ車を運転する）
☑ 0620	**series** スィアリーズ / síəriːz /	名 一続き 例 enjoy a **series** of concerts by a favorite pianist （好きなピアニストの一連のコンサートを楽しむ）
☑ 0621	**shape** シェイプ / ʃeɪp /	名 形 例 be the same **shape** as a rugby ball （ラグビーボールと同じ形をしている）
☑ 0622	**sidewalk** サイドゥウォーク / sáɪdwɔːk /	名 歩道 例 fall walking along the **sidewalk** （歩道を歩いていて転ぶ）
☑ 0623	**term** タ〜ム / təːʳm /	名 期間 派 形 **terminal**（終点の） 例 make profits in the long **term** （長期的には利益になる）
☑ 0624	**tool** トゥール / tuːl /	名 道具 例 borrow a **tool** to repair a broken bike （壊れた自転車を修理するための道具を借りる）
☑ 0625	**trail** トゥレイル / treɪl /	名 道 例 take an easy **trail** on a ridge in the mountains （山岳地帯で尾根伝いの易しい道を行く）
☑ 0626	**translation** トゥランスレイション / trænsléɪʃən /	名 翻訳 派 動 **translate**（を翻訳する） 例 read an English **translation** of a French poem（フランス語の詩の英語の翻訳を読む）

0627 transportation
トゥランスパテイション
/ trænspə'teɪʃən /

名 交通機関
派 動 **transport**（を輸送する）
例 solve problems with public **transportation**
（公共交通機関の問題を解決する）

0628 treatment
トゥリートゥメント
/ tríːtmənt /

名 治療
派 動 **treat**（を治療する）
例 give immediate **treatment** to a wound
（傷に迅速な治療を施す）

0629 army
アーミィ
/ áːmi /

名 軍
派 名 **arms**（武器）
例 serve two years in the **army**
（2年間兵役に服する）

0630 atmosphere
アトゥモスフィア
/ ætməsfɪə /

名 大気
派 形 **atmospheric**（大気の）
例 send carbon dioxide into the **atmosphere**
（二酸化炭素を大気中に放出する）

0631 board
ボード
/ bɔːd /

名 板
例 check a bulletin **board**（掲示板を確認する）

0632 coast
コウスト
/ koust /

名 海岸
派 形 **coastal**（沿岸の）
例 travel along the western **coast** of the U.S.
（米国の西海岸に沿って旅をする）

0633 complaint
コンプレイント
/ kəmpléint /

名 不満
派 動 **complain**（不満を言う）
例 listen to a customer making a **complaint**
（顧客が不満を言うのに耳を傾ける）

0634 confidence
カンフィデンス
/ káːnfɪdəns /

名 信頼
派 動 **confide**（信頼する）
例 have **confidence** in a business partner
（事業のパートナーを信頼する）

まとめてCheck!	関連語をCheck！ー tool（道具）		
hammer	（金づち）	pliers	（ペンチ）
scissors	（はさみ）	nail	（くぎ）
screwdriver	（ねじ回し）	plane	（かんな）

☑ 0635

crime

クライム
/ kraɪm /

名 犯罪

派 形 **criminal** (犯罪の)
例 be likely to commit a **crime**
(犯罪を犯しそうである)

☑ 0636

destination

デスティネイション
/ dèstɪnéɪʃən /

名 目的地

派 形 **destined** (運命にある)
例 decide the **destination** for a trip
(旅行の目的地を決める)

☑ 0637

device

ディヴァイス
/ dɪváɪs /

名 機器

派 動 **devise** (を考案する)
例 have the vehicle fitted with a **device**
(車に機器を取り付ける)

☑ 0638

emission

イミション
/ ɪmíʃən /

名 放出

派 動 **emit** ((熱・光)を出す)
例 cut **emissions** of greenhouse gases
(温室効果ガスの排出を削減する)

☑ 0639

enemy

エネミィ
/ énəmi /

名 敵

例 watch out for an **enemy** from the top of a
hill (丘の上から敵を見張る)

☑ 0640

eyesight

アイサイト
/ áɪsaɪt /

名 視力

例 have poor **eyesight** (視力が弱い)

☑ 0641

facility

ファスィリティ
/ fəsíləti /

名 施設

例 improve the **facilities** for children
(子どもたちのための施設を改良する)

☑ 0642

furniture

ファ～ニチァ
/ fə́ːˈnɪtʃə /

名 家具

例 spend a lot of money on **furniture**
(家具に多くの金を使う)

☑ 0643

gap

ギャップ
/ gæp /

名 隙間

例 fill a **gap** in a wall (壁の隙間をふさぐ)

☑ 0644
generation
ヂェネ**レ**イション
/ dʒènəréɪʃən /

名 世代
派 動 **generate**（を生み出す）
例 be passed on in a family for **generations**
（家庭の中で何世代にもわたって受け継がれる）

☑ 0645
gym
ヂム
/ dʒɪm /

名 ジム
例 go to a **gym** to do exercise
（運動をしにジムへ行く）

☑ 0646
highway
ハイウェイ
/ háɪweɪ /

名 幹線道路
例 drive on a **highway**（幹線道路を車で走る）

☑ 0647
humidity
ヒュー**ミ**ディティ
/ hju(ː)mídəti /

名 湿気
例 have physical trouble because of high
humidity（湿度が高いせいで体調が悪い）

☑ 0648
image
イメヂ
/ ímɪdʒ /
● 発音

名 映像, イメージ
例 create **images** of clouds
（雲の映像を制作する）

☑ 0649
insurance
イン**シュ**アランス
/ ɪnʃúərəns /

名 保険
派 動 **insure**（に保険をかける）
例 have health **insurance**
（健康保険に入っている）

☑ 0650
majority
マ**ヂ**ョーリティ
/ mədʒɔ́ːrəti /

名 大多数
派 形 **major**（多い方の）
例 the **majority** of voters（有権者の大多数）

まとめてCheck!	関連語をCheck！- furniture(家具)		
table	(テーブル)	sofa	(ソファ)
cabinet	(飾り棚)	bed	(ベッド)
sideboard	(食器棚)	mirror	(鏡)
chair	(椅子)	dresser	(整理だんす)

まとめてCheck!	派生語をPlus！- image
imagine	動 (を想像する)
imaginary	形 (想像の, 想像上の)
imagination	名 (想像)
imaginative	形 (想像の)

☑ 0590	**network** ネトゥワ〜ク / nétwəːk /	名	ネットワーク 例 extend an expressway **network** throughout a whole country（国中に高速道路網を広げる）
☑ 0591	**object** アブヂェクト / áːbdʒekt /	名	物体 派 名 **objective**（目標） 例 watch a moving **object** （動いている物体を見つめる）
☑ 0592	**oxygen** アクスィヂェン / áːksɪdʒən /	名	酸素 例 need **oxygen** to live （生きるために酸素を必要とする）
☑ 0593	**period** ピアリオド / píəriəd /	名	期間 派 形 **periodical**（定期刊行の） 例 for a **period** of two years（2年の期間）
☑ 0594	**progress** プラグレス / práːɡrəs /	名	進歩 派 形 **progressive**（進歩的な） 例 slow down technological **progress** （技術の進歩を鈍らせる）
☑ 0595	**range** レインヂ / reɪndʒ /	名	範囲 例 appeal to a wide **range** of consumers （広い範囲の消費者に訴える）
☑ 0596	**relationship** リレイションシプ / rɪléɪʃənʃɪp /	名	関係 派 動 **relate**（を関係付ける） 例 build up a good **relationship** with the neighbors（近所の人々と良好な関係を築く）
☑ 0597	**role** ロウル / roʊl /	名	役割 例 play an important **role** in human life （人の生活において重要な役割を果たす）
☑ 0598	**salary** サラリィ / sǽləri /	名	給料 例 get a job with a regular **salary** （定期的に給料の出る仕事を得る）

☑ 0590 **shelter**

シェルタァ
/ ʃéltəʳ /

名 小屋, 住むところ

例 sleep in a **shelter** built from branches
（枝で作った小屋で眠る）

☑ 0591 **soldier**

ソウルヂァ
/ sóuldʒəʳ /

名 兵士

例 send **soldiers** to a front（兵士を前線へ送る）

☑ 0592 **stair**

ステア
/ steəʳ /

名 段

例 take the **stairs** to the fifth floor
（5 階まで階段を使って上る）

☑ 0593 **surfer**

サ〜ファ
/ sə́ːʳfəʳ /

名 サーファー

例 be a professional **surfer**
（プロのサーファーである）

☑ 0594 **surfing**

サ〜フィング
/ sə́ːʳfiŋ /

名 サーフィン

例 search for good **surfing** spots in the area
（その地域でサーフィンに良い場所を探す）

☑ 0595 **surgery**

サ〜ヂェリィ
/ sə́ːʳdʒəri /

名 外科手術

派 名 **surgeon**（外科医）
例 have laser **surgery** on one's eyes
（目のレーザー手術を受ける）

☑ 0596 **theory**

スィーアリィ
/ θíːəri /

名 仮説

派 形 **theoretical**（仮説的な）
例 support a **theory**（仮説を支持する）

☑ 0597 **trade**

トゥレイド
/ treid /

名 貿易

派 名 **trader**（貿易業者）
例 see a rapid growth in global **trade**
（世界貿易で急成長を遂げる）

☑ 0598 **truck**

トゥラック
/ trʌk /

名 トラック

例 drive a long-distance **truck** every night
（毎晩長距離トラックを運転する）

☑ 0669	**value** ヴァリュー / vǽljuː /	名 価値 派 形 **valuable**（価値のある） 例 improve the **value** of one's real estate （不動産の価値を高める）
☑ 0670	**access** アクセス / ǽkses /	名 利用[入手]できる権利 派 形 **accessible**（入手可能な） 例 gain **access** to information （情報を入手できるようになる）
☑ 0671	**audience** オーディエンス / ɔ́ːdiəns /	名 観客 例 the **audience** of a show（ショーの観客）
☑ 0672	**basement** ベイスメント / béɪsmənt /	名 地階 例 use the **basement** as a storage area （地階を物置として使う）
☑ 0673	**budget** バヂト / bʌ́dʒɪt /　　　●発音	名 予算 例 make **budget** cuts（予算を削減する）
☑ 0674	**clinic** クリニク / klínɪk /	名 診療所 例 visit a **clinic** because of a stomachache （腹痛のためにクリニックに行く）
☑ 0675	**clone** クロウン / kloʊn /	名 クローン 例 produce an animal **clone** （動物のクローンを作る）
☑ 0676	**concern** コンサ〜ン / kənsə́ːrn /	名 関心事 派 前 **concerning**（〜についての） 例 be a person's big **concern** （人にとっての大きな関心事である）
☑ 0677	**contrast** カントゥラスト / kɑ́ːntræst /	名 対照 例 a sharp **contrast** between two groups （2 つのグループ間の鮮明な対照）

☑ 0678
court
コート
/ kɔːt /

名 コート
例 book a **court** to play tennis
（テニスをするためにコートを予約する）

☑ 0679
cruise
クルーズ
/ kruːz /

名 遊覧
例 take a lake **cruise** on a boat
（船で湖を遊覧する）

☑ 0680
direction
ディ**レ**クション
/ dərékʃən /

名 方向
派 動 **direct**（(人)に道を教える）
例 give a person **directions** to a hospital
（病院への行き方を人に教える）

☑ 0681
disadvantage
ディサドゥ**ヴァ**ンテヂ
/ dìsədvǽntidʒ /

名 不利な点
派 形 **disadvantaged**（不利な）
例 have some serious **disadvantages** for surviving in a desert
（砂漠で生き残るには非常に不利な点がいくつかある）

☑ 0682
duty
ドゥーティ
/ djúːti /

名 任務
例 the most important **duty** of elementary schools（小学校の最も重要な責務）

☑ 0683
emergency
イ**マ**～ヂェンスィ
/ imə́ːdʒənsi /

名 緊急事態
派 動 **emerge**（明らかになる）
例 get out of the way of an **emergency** vehicle
（緊急車両に道を譲る）

☑ 0684
entry
エントゥリィ
/ éntri /

名 入ること
派 動 **enter**（に入る）
例 get free **entry** to a museum
（博物館への入場が無料になる）

☑ 0685
evolution
エヴォ**ル**ーション
/ èvəlúːʃən /

名 進化
派 動 **evolve**（進化する）
例 play an important role in human **evolution**
（人類の進化において重要な役割を果たす）

まとめてCheck!	意味をPlus！－ access
名 （場所などへの）接近	**access** to the garden（その庭へ行く方法）
名 コンピューターへのアクセス	gain **access** to the Internet（インターネットへアクセスする）

☑ 0686	**expense** イクスペンス / ɪkspéns /	名 費用 派 形 **expensive**（高価な） 例 cover medical **expenses** （医療費を賄う）
☑ 0687	**fault** フォールト / fɔːlt /　●発音	名 責任, 欠点 派 形 **faulty**（欠陥の多い） 例 be a person's **fault**（人の責任である）
☑ 0688	**feather** フェザァ / féðəʳ /　●発音	名 羽毛 例 put bird **feathers** in a pillow （枕に鳥の羽毛を入れる）
☑ 0689	**frame** フレイム / freɪm /	名 枠 例 put a painting in a picture **frame** （絵画を額縁に入れる）
☑ 0690	**gentleman** ヂェントゥルマン / dʒéntl̩mən /	名 紳士 派 形 **gentle**（礼儀正しい） 例 do as a **gentleman** does （紳士のするように振る舞う）
☑ 0691	**graph** グラフ / græf /	名 グラフ 派 形 **graphic**（グラフの） 例 make **graphs** for a presentation （発表のためにグラフを作る）
☑ 0692	**hardware** ハードゥウェア / háːʳdweəʳ /	名 金物類, ハードウェア 例 open a **hardware** store（金物屋を開く）
☑ 0693	**horn** ホーン / hɔːʳn /	名 角 例 sell rhino **horns** illegally （サイの角を違法に売る）
☑ 0694	**household** ハウスホウルド / háʊshoʊld /	名 世帯 例 cut **household** spending to save money for children's education（子どもの教育費を確保しておくために家計の出費をカットする）

名詞

impact
0695

インパクト
/ ímpækt /

名 影響
例 have an **impact** on a person's life
（人の人生に影響を与える）

ingredient
0696

イングリーディエント
/ ɪŋgríːdiənt /

名 材料
例 use local **ingredients** in dishes
（料理に現地の材料を使う）

inventor
0697

インヴェンタァ
/ ɪnvéntər /

名 考案者
派 動 **invent**（を考案する）
例 the **inventor** of Morse code
（モールス符号の考案者）

lifestyle
0698

ライフスタイル
/ láɪfstaɪl /

名 生活スタイル
例 make some minor changes in one's
lifestyle（生活スタイルを少し変える）

microscope
0699

マイクロスコウプ
/ máɪkrəskoʊp /

名 顕微鏡
派 形 **microscopic**（顕微鏡の）
例 use a **microscope** to examine tissue
（組織を調べるために顕微鏡を用いる）

mixture
0700

ミクスチァ
/ míkstʃər /

名 混合物
派 動 **mix**（を混ぜる）
例 a **mixture** of cotton and polyester
（綿とポリエステルの混合物）

opponent
0701

オポウネント
/ əpóʊnənt /

名 対抗者
派 動 **oppose**（に対抗する）
例 beat an **opponent** in a match
（試合で対戦相手を負かす）

pamphlet
0702

パンフレト
/ pæmflət /
●発音

名 パンフレット
例 read a **pamphlet** for information
（情報を求めてパンフレットを読む）

poetry
0703

ポウエトゥリィ
/ póʊətri /

名 詩
派 形 **poetic**（詩の）
例 write good **poetry**（いい詩を書く）

☑ 0704	**poverty** パヴァティ / pάːvəˈti /	名 貧困 派 形 **poor**（貧しい） 例 drive people into **poverty** （人々を貧困に追いやる）
☑ 0705	**psychologist** サイカロヂスト / saɪkάːlədʒɪst / ●発音	名 心理学者 派 名 **psychology**（心理学） 例 a child **psychologist** working at a school （学校で働く児童心理学者）
☑ 0706	**reality** リアリティ / riǽləti /	名 現実 派 形 **real**（現実の） 例 be close to **reality**（現実に近い）
☑ 0707	**receipt** リスィート / rɪsíːt / ●発音	名 レシート 派 動 **receive**（を受け取る） 例 check a **receipt** going out of a store （店を出ながらレシートをチェックする）
☑ 0708	**refund** リーファンド / ríːfʌnd /	名 払い戻し金 動 / rɪfʌ́nd / を払い戻す 例 receive a complete **refund** （全額の払い戻し金を受け取る）
☑ 0709	**region** リーヂョン / ríːdʒən /	名 地域 派 形 **regional**（地域の） 例 be located in the Mesopotamian **region** （メソポタミア地域に位置する）
☑ 0710	**security** スィキュアリティ / sɪkjúərəti /	名 保安 派 形 **secure**（安全な） 例 be checked at the **security** desk （保安デスクでチェックを受ける）
☑ 0711	**sight** サイト / saɪt / ●発音	名 光景 派 動 **see**（を見る） 例 be impressed by a wonderful **sight** （素晴らしい光景に感銘を受ける）
☑ 0712	**souvenir** スーヴェニア / sùːvəníər / ●発音	名 土産,（旅の）記念品 例 buy **souvenirs** for one's family （家族に土産を買う）

名詞

☑ 0713

tail

ティル
/ teil /

名 尾

例 a monkey with a long **tail**(長い尾を持つサル)

☑ 0714

theme

スィーム
/ θiːm /　　●発音

名 テーマ

例 get on a roller coaster at a **theme** park
（テーマパークでジェットコースターに乗る）

☑ 0715

tongue

タング
/ tʌŋ /　　●発音

名 舌

例 use one's long **tongue** to gather food
（食べ物を集めるのに長い舌を使う）

☑ 0716

tradition

トゥラディション
/ trədíʃən /

名 伝統

派 形 **traditional**（伝統的な）
例 bring some German **traditions** to the U.S.
（幾つかのドイツの伝統を米国に持ち込む）

☑ 0717

trend

トゥレンド
/ trend /

名 傾向

例 analyze farming **trends** in recent years
（近年の農業の傾向を分析する）

☑ 0718

tribe

トゥライブ
/ traib /

名 部族

派 形 **tribal**（部族の）
例 keep a **tribe**'s territory
（部族の領域を維持する）

☑ 0719

trick

トゥリック
/ trik /

名 芸当

派 形 **tricky**（扱いにくい）
例 perform **tricks** in front of an audience
（観客の前で芸をする）

まとめてCheck!	類語をCheck! ―「地域」
area	最も一般的な意味での地域
region	社会・文化・地理などの点で他と異なる特色を持つ地域。areaよりも広い
district	行政上の地域。ある機能・特色などを持つ地域にも用いる

まとめてCheck!	意味をPlus! ― trick
名 計略	use **tricks** to cheat a person（人を欺くために策略を利用する）
名 こつ, 秘訣(ひけつ)	a **trick** of hospitality（もてなしのこつ）

おさえておきたい重要単語

英検2級形容詞・副詞など

☑ 0720
ambitious
アンビシャス
/ æmbíʃəs /

形 **大志を抱いた**
派 名 **ambition**（大志）
例 an **ambitious** boy
（大志を抱いた男の子）

☑ 0721
current
カーレント
/ kə́:rənt /

形 **今の**
派 名 **currency**（通貨）
例 a person's **current** apartment
（人の現在のアパート）

☑ 0722
dizzy
ディズィ
/ dízi /

形 **目まいがする**
例 feel **dizzy** for a while
（しばらくの間目まいがする）

☑ 0723
dramatic
ドゥラマティク
/ drəmǽtik /

形 **劇的な**
派 名 **drama**（劇）
例 a **dramatic** increase in the number of cars
（自動車数の劇的な増加）

☑ 0724
due
ドゥー
/ du: /

形 **予定である**
派 副 **duly**（時間通りに）
例 be **due** to start in September
（9月に始まる予定である）

☑ 0725
reasonable
リーズナブル
/ rí:znəbəl /

形 **妥当な**
派 副 **reasonably**（ほどよく）
例 at a **reasonable** price（手頃な値段で）

☑ 0726
tiny
タイニィ
/ táini /

形 **とても小さい**
例 a **tiny** change in ocean temperatures
（海洋温度のごくわずかな変化）

☑ 0727
academic
アカデミク
/ ækədémik /

形 **学問的な**
派 名 **academy**（高等学校）
例 improve **academic** ability
（学力を向上させる）

☑ 0728
aware
アウェア
/ əwéə' /

形 気付いている
派 名 **awareness** (自覚)
例 be **aware** of environmental issues
(環境問題に気付いている)

☑ 0729
biological
バイアラヂカル
/ bàiəlá:dʒikəl /

形 生物学の
例 a **biological** clock ((生物の)体内時計)

☑ 0730
blind
ブラインド
/ blaind /

形 目の見えない
例 a book for **blind** people
(目の見えない人々のための本)

☑ 0731
costly
コーストゥリィ
/ kɔ́:stli /

形 損失の大きい
例 make a **costly** mistake(手痛い間違いをする)

☑ 0732
detailed
ディテイルド
/ dıtéıld /

形 詳細な
例 receive **detailed** information
(詳細な情報を受け取る)

☑ 0733
efficient
イフィシェント
/ ıfíʃənt /
🔊アク

形 効率的な
派 名 **efficiency** (効率)
例 produce cheaper and more **efficient** cars
(より安く効率的な自動車を製造する)

☑ 0734
elderly
エルダリィ
/ éldə'li /

形 年配の
例 the cost of medical care for **elderly** people
(高齢者のための医療費)

☑ 0735
essential
エセンシャル
/ ısénʃəl /

形 必須の
派 副 **essentially** (本質的に)
例 be **essential** to modern technology
(現代の科学技術にとって不可欠である)

☑ 0736
extinct
イクス**ティ**ンクト
/ ikstiŋkt /

形 絶滅した
派 名 **extinction** (絶滅)
例 an **extinct** animal (絶滅した動物)

☑ 0737

financial

フィナンシャル

/ fənǽnʃəl /

🎙️アク

形 財政上の

派 副 **financially**（財政上）

例 bring serious **financial** problems
（重大な財政問題をもたらす）

☑ 0738

ideal

アイディーアル

/ aidíːəl /

🔊発音

形 理想的な

派 動 **idealize**（を理想化する）

例 the **ideal** person for the job
（その仕事に理想的な人物）

☑ 0739

mental

メンタル

/ méntəl /

形 知能の, 精神の

派 名 **mentality**（精神構造）

例 do **mental** exercises to make one's brain
stronger（脳を鍛えるために知的な運動をする）

☑ 0740

native

ネイティヴ

/ néitɪv /

形 母国の

派 名 **nativity**（出生）

例 study **native** cultures
（母国の文化を学習する）

☑ 0741

obvious

アブヴィアス

/ ɑ́ːbviəs /

🔊発音

形 明らかな

派 副 **obviously**（明らかに）

例 **obvious** differences between male and
female bodies（男女の体の明らかな違い）

☑ 0742

peaceful

ピースフル

/ píːsfəl /

形 平和な

派 名 **peace**（平和）

例 maintain **peaceful** relations with other
countries（他の国々との平和な関係を維持する）

☑ 0743

perfect

パ〜フェクト

/ pə́ːfikt /

形 完璧な

派 名 **perfection**（完璧）

例 get a **perfect** score on a test
（テストで満点を取る）

☑ 0744

tough

タフ

/ tʌf /

🔊発音

形 難しい

例 It is **tough** to survive in this industry.
（この業界で生き残ることは難しい。）

☑ 0745

typical

ティピカル

/ típikəl /

🔊発音

形 典型的な

派 名 **type**（種類）

例 a **typical** example of a Japanese castle
（日本の城の典型的な例）

☑ 0746	**boring** ボーリング / bɔ́ːrɪŋ /	形 退屈な 派 形 **bored** ((人が)退屈した) 例 be too **boring** for children (子どもには退屈過ぎる)
☑ 0747	**commercial** コマ〜シャル / kəmɚ́ːʃəl /	形 商業の 派 名 **commerce** (商業) 例 experience **commercial** success (商業的成功を経験する)
☑ 0748	**creative** クリエイティヴ / kriéɪṭɪv /	形 独創的な 派 動 **create** (を創造する) 例 **creative** people with a lot of different talents (多くのさまざまな才能を持ったクリエーティブな人々)
☑ 0749	**delicate** デリカト / délɪkət / ●発音	形 繊細な 派 名 **delicacy** (繊細さ) 例 handle **delicate** items (壊れやすい品物を扱う)
☑ 0750	**enormous** イノーマス / ɪnɔ́ːrməs /	形 非常に大きい 派 副 **enormously** (法外に) 例 consume an **enormous** amount of fuel (大量の燃料を消費する)
☑ 0751	**exact** イグザクト / ɪgzǽkt /	形 正確な 派 副 **exactly** (正確に) 例 make an **exact** copy of a painting (絵画の正確な複製を作る)
☑ 0752	**flexible** フレクスィブル / fléksəbəl /	形 柔軟な 派 名 **flexibility** (柔軟性) 例 be **flexible** with regard to scheduling (スケジュールに関しては融通が利く)
☑ 0753	**opposite** アポズィット / ɑ́pəzɪt / ●発音	形 正反対の 派 名 **opposition** (反対) 例 have the **opposite** effect (逆効果になる)
☑ 0754	**original** オリヂナル / ərɪ́dʒənal /	形 最初の 派 名 **originality** (独創性) 例 stick to the **original** plan (最初の計画を守り続ける)

☑ 0755	**physical** フィズィカル / fízɪkəl /	形 身体の 派 副 **physically**（身体的に） 例 do **physical** exercise （身体の運動をする）
☑ 0756	**reliable** リライアブル / rɪláɪəbəl /	形 信頼できる 派 名 **reliability**（信頼性） 例 a **reliable** source of energy （信頼できるエネルギー資源）
☑ 0757	**rude** ルード / ru:d /	形 失礼な 派 副 **rudely**（無礼に） 例 be **rude** to a customer （客に対して失礼である）
☑ 0758	**rural** ルアラル / rʊərəl /	形 田舎の 例 schools in **rural** areas（田舎の地域の学校）
☑ 0759	**scientific** サイエンティフィク / sàɪəntífɪk /	形 科学の 派 名 **science**（科学） 例 do **scientific** research on the effects of coffee on health（コーヒーが健康に及ぼす影響を科学的に調査する）
☑ 0760	**secondhand** セカンドゥハンド / sèkəndhǽnd /	形 中古の 例 sell **secondhand** books（古本を売る）
☑ 0761	**separate** セプレト / séprət /	形 離れた 派 名 **separation**（分離） 例 similarities between two **separate** crime scenes（2つの離れた犯罪現場の間の類似点）
☑ 0762	**vague** ヴェイグ / veɪɡ /　　●発音	形 はっきりしない 派 副 **vaguely**（ぼんやりと） 例 have only a **vague** idea about solving a problem（問題の解決についてあいまいな考えしか持っていない）
☑ 0763	**ancient** エインシェント / éɪnʃənt /　　●発音	形 古代の 例 **ancient** Buddhist paintings（古代の仏教絵画）

形容詞・副詞など

☑ 0764 **antique**

アンティーク
/ ænti:k /

形 骨董(こっとう)の

例 collect **antique** cameras
（アンティークのカメラを集める）

☑ 0765 **brave**

ブレイヴ
/ breɪv /

形 勇敢な

派 名 **bravery**（勇敢さ）
例 do something **brave**（勇敢なことをする）

☑ 0766 **brilliant**

ブリリャント
/ bríljənt /

形 立派な

派 名 **brilliance**（輝き）
例 achieve a **brilliant** success
（素晴らしい成功を果たす）

☑ 0767 **cheerful**

チアフル
/ tʃíəfəl /

形 陽気な

派 名 **cheer**（陽気）
例 have a **cheerful** personality
（陽気な性格をしている）

☑ 0768 **classical**

クラスィカル
/ klǽsɪkəl /

形 クラシックの, 古典的な

派 形 **classic**（古典の）
例 play a piece of **classical** music
（クラシック音楽の1曲を演奏する）

☑ 0769 **conscious**

カンシャス
/ kɑ́:nʃəs /

形 意識している

派 名 **conscience**（分別）
例 be **conscious** of one's personal values
（自分の個人的な価値を自覚している）

☑ 0770 **crowded**

クラウディド
/ kráʊdɪd /

形 混み合った

派 名 **crowd**（群集）
例 a **crowded** bus
（混み合ったバス）

☑ 0771 **curious**

キュアリアス
/ kjʊ́əriəs /

形 好奇心の強い

派 名 **curiosity**（好奇心）
例 be **curious** about a person's background
（人の素性を知りたがる）

☑ 0772 **disabled**

ディセイブルド
/ dɪséɪbəld /

形 障害のある

例 raise money to help **disabled** people
（障害者を援助するための募金をする）

☑ 0773 **distant**

ディスタント
/ distant /

形 遠い
派 名 distance（距離）
例 visit a **distant** town（遠い町を訪れる）

☑ 0774 **double**

ダブル
/ dʌ́bəl /

形 2倍の
例 book a **double** room
（ダブルの部屋を予約する）

☑ 0775 **endangered**

エンデインヂァド
/ ɪndéɪndʒəd /

形 絶滅の危険にさらされた
派 動 **endanger**（を危険にさらす）
例 save **endangered** species
（絶滅危惧種を救う）

☑ 0776 **evil**

イーヴィル
/ íːvəl /

形 悪い
例 chase **evil** spirits away
（邪悪な精霊を追い払う）

☑ 0777 **general**

ヂェネラル
/ dʒénərəl /

形 世間一般の
派 動 **generalize**（を一般化する）
例 be unknown to the **general** public
（一般大衆には知られていない）

☑ 0778 **generous**

ヂェネラス
/ dʒénərəs /

形 気前の良い
派 名 **generosity**（物惜しみしないこと）
例 provide **generous** support
（気前の良い援助を提供する）

☑ 0779 **industrial**

インダストゥリアル
/ ɪndʌ́striəl /

形 産業の
派 名 **industry**（産業）
例 a new **industrial** city（新しい産業都市）

☑ 0780 **invisible**

インヴィズィブル
/ ɪnvízəbəl /

形 目に見えない
派 名 **invisibility**（目に見えないこと）
例 be **invisible** to the human eye
（人間の目には見えない）

☑ 0781 **jealous**

ヂェラス
/ dʒéləs /　　●発音

形 ねたんで
派 名 **jealousy**（嫉妬）
例 be **jealous** of a person's success
（人の成功をねたむ）

形容詞・副詞など

☑ 0782

messy

メスィ
/ mési /

形 散らかった

例 clear a **messy** desk
（散らかった机を片付ける）

☑ 0783

anywhere

エニフウェア
/ énihweə˞ /

副 どこででも

例 can obtain stable electric power **anywhere**
（どこででも安定した電力を得ることができる）

☑ 0784

further

ファ〜ザァ
/ fə́ːðə˞ /

副 さらに進んで[遠く]

派 副 **far**（遠くへ）
例 take this idea a step **further**
（この考えをさらに1歩先へ進める）

☑ 0785

hardly

ハードゥリィ
/ háːdli /

副 ほとんど〜ない

例 **hardly** change over many years
（何年もほとんど変わらない）

☑ 0786

indeed

インディード
/ ɪndíːd /

副 実に

例 **Indeed**, he was one of the world's greatest
vocalists.（実に，彼は世界で最も偉大なボー
カリストの1人だった。）

☑ 0787

otherwise

アザワイズ
/ ʌ́ðə˞waɪz /

副 さもなければ

例 Then they abandoned their country, **otherwise**
they would have starved there.（その時彼らは祖国
を捨てた。さもなければそこで餓死していただろう。）

☑ 0788

throughout

スルアウト
/ θruáut /

前 〜の至る所に

例 be seen **throughout** the country
（国中の至る所で見られる）

☑ 0789

unless

アンレス
/ ənlés /

接 〜でない限り

例 You will fail **unless** you try harder.
（もっと頑張らない限り失敗しますよ。）

☑ 0790

definitely

デフィニトゥリィ
/ défənətli /
🔊アク

副 明確に

派 形 **definite**（明確な）
例 be **definitely** against the plan
（その計画に断固反対である）

☑ 0791	**extremely** イクストゥリームリィ / ɪkstríːmli /	副 **極端に** 派 形 **extreme**（極端な） 例 be **extremely** expensive（極端に高額である）
☑ 0792	**fairly** フェアリィ / féəʳli /	副 **かなり** 派 形 **fair**（かなりの） 例 be **fairly** close to the station（駅に結構近い）
☑ 0793	**immediately** イミーディエトゥリィ / ɪmíːdiətli /　　●発音	副 **ただちに** 派 形 **immediate**（即座の） 例 be needed **immediately**（至急必要とされる）
☑ 0794	**meanwhile** ミーンフワイル / míːnʰwaɪl /　　🔊アク	副 **その間に** 例 The male penguins are out looking for fish; **meanwhile**, the females are warming their eggs.（雄のペンギンが魚を探しに出掛けている；その間は雌が卵を温めている。）
☑ 0795	**nowadays** ナウアデイズ / náʊədeɪz /	副 **今日では** 例 **Nowadays**, a lot of people use computers.（今日では多くの人々がコンピューターを使う。）
☑ 0796	**rapidly** ラピドゥリィ / rǽpɪdli /	副 **急速に** 派 形 **rapid**（速い） 例 **rapidly** increasing population（急速に増加する人口）
☑ 0797	**shortly** ショートゥリィ / ʃɔ́ːʳtli /	副 **間もなく** 派 形 **short**（短い） 例 appear **shortly** after sunset（日没後すぐに現れる）
☑ 0798	**thus** ザス / ðʌs /	副 **このように** 例 **Thus**, he became a hero in the town（このようにして、彼は町の英雄となった。）
☑ 0799	**wherever** フウェアエヴァ / ʰweəʳévəʳ /	接 **〜する所ならどこへでも** 例 **wherever** he goes（彼が行く所はどこでも）

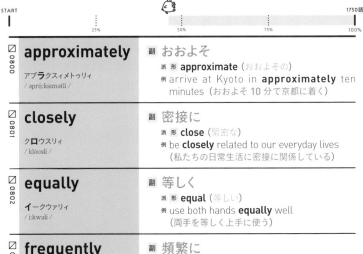

形容詞・副詞など

☑ 0800	**approximately** アプラクスィメトゥリィ / əprάːksɪmətli /	副 おおよそ 派 形 **approximate**（おおよその） 例 arrive at Kyoto in **approximately** ten minutes（おおよそ10分で京都に着く）
☑ 0801	**closely** クロウスリィ / klóʊsli /	副 密接に 派 形 **close**（緊密な） 例 be **closely** related to our everyday lives（私たちの日常生活に密接に関係している）
☑ 0802	**equally** イークウァリィ / íːkwəli /	副 等しく 派 形 **equal**（等しい） 例 use both hands **equally** well（両手を等しく上手に使う）
☑ 0803	**frequently** フリークウェントゥリィ / fríːkwəntli /	副 頻繁に 派 形 **frequent**（たびたびの） 例 water a garden **frequently**（頻繁に庭に水をやる）
☑ 0804	**mostly** モウストゥリィ / móʊstli /	副 たいていは 派 形 **most**（最も多い） 例 be taught **mostly** in elementary schools（たいていは小学校で教わる）
☑ 0805	**occasionally** オケイジョナリィ / əkéɪʒənəli /	副 時折 派 形 **occasional**（時折の） 例 **occasionally** lose one's temper（時折かんしゃくを起こす）
☑ 0806	**politely** ポライトゥリィ / pəláɪtli /	副 礼儀正しく 派 形 **polite**（礼儀正しい） 例 behave **politely**（礼儀正しく振る舞う）
☑ 0807	**possibly** パスィブリィ / pάːsəbli /	副 ひょっとして 派 形 **possible**（可能な） 例 **possibly** lead to death（ひょっとすると死に至る）
☑ 0808	**abruptly** アブラプトゥリィ / əbrʌ́ptli /	副 突然 派 形 **abrupt**（急な） 例 change course **abruptly**（突然進路を変える）

この章の学習記録を付ける

覚えたことを定着させるには，「繰り返し復習すること」が大切です。
この章の学習を一通り終えたら，下の学習記録シートに日付を書き
込み，履歴を残しましょう。

1	2	3	4	5	6	7	8	9	10
/	/	/	/	/	/	/	/	/	/
11	12	13	14	15	16	17	18	19	20
/	/	/	/	/	/	/	/	/	/
21	22	23	24	25	26	27	28	29	30
/	/	/	/	/	/	/	/	/	/
31	32	33	34	35	36	37	38	39	40
/	/	/	/	/	/	/	/	/	/
41	42	43	44	45	46	47	48	49	50
/	/	/	/	/	/	/	/	/	/

MEMO

RANK

ここで差がつく重要単語

RANK C で掲載されているのは英検 2 級を受検するに当たって，知っているか否かで差がつくような重要単語です。ここに掲載されている単語をマスターすれば，ハイスコアでの合格を狙える確かな単語力が身に付いているはずです。

RANK **C** ここで差がつく重要単語

英検2級動詞

☑ 0809 **yell**

イェル
/ jel /

動 大声で叫ぶ

例 **yell** at a boy for breaking a window
（窓を割ったことに対して男の子に向かって大声を上げる）

☑ 0810 **abandon**

アバンドン
/ əbǽndən /

動 を捨てる

例 **abandon** traditional customs
（伝統的な風習を捨てる）

☑ 0811 **adjust**

アヂャスト
/ ədʒʌ́st /

動 を適合させる

派 名 **adjustment**（調節）
例 **adjust** one's behavior to fit the standards of society
（社会の規範に合うようにきちんと振る舞う）

☑ 0812 **admire**

アドゥマイア
/ ədmáɪə /

動 に敬服する

派 形 **admirable**（称賛に値する）
例 **admire** people with a strong will
（意志の強い人々に感服する）

☑ 0813 **advance**

アドゥヴァンス
/ ədvǽns /

動 進出する

派 形 **advanced**（進歩した）
例 prevent violence from **advancing** further
（暴力がこれ以上広がるのを防ぐ）

☑ 0814 **alert**

アラ～ト
/ ələ́ːᵗt /

動 に警報を出す

例 **alert** residents about a flood
（住民に洪水の警報を出す）

☑ 0815 **alter**

オールタァ
/ ɔ́ːltəᵗ /

動 を変える

例 **alter** one's eating habits（食習慣を変える）

☑ 0816 **associate**

アソウシエイト
/ əsóʊʃieɪt /

動 を結び付ける

派 名 **association**（つながり）
例 **associate** Egypt with pyramids
（エジプトをピラミッドと結び付ける）

☑ 0817
assume
アスーム
/ əsúːm /

動 を想定する

派 名 **assumption**（想定）
例 **assume** that a conclusion is reasonable
（結論が妥当であると想定する）

☑ 0818
award
アウォード
/ əwɔ́ːd /

動 （人）に（賞など）を授与する

例 be **awarded** a scholarship
（奨学金を与えられる）

☑ 0819
bake
ベイク
/ beik /

動 を焼く

派 名 **baker**（パン職人）
例 **bake** meat pies in the oven
（オーブンでミートパイを焼く）

☑ 0820
bend
ベンド
/ bend /

動 を曲げる

例 **bend** one's elbow（肘を曲げる）

☑ 0821
bet
ベット
/ bet /

動 と断言する

例 **bet** it will be sunny tomorrow
（明日は晴れると断言する）

☑ 0822
betray
ビトゥレイ
/ bitréi /

動 を裏切る

例 feel **betrayed** by a friend
（友人に裏切られたと感じる）

☑ 0823
blame
ブレイム
/ bleim /

動 に責任を負わせる

例 **blame** a company for air pollution
（会社に大気汚染の責任を負わせる）

まとめてCheck!	派生語をPlus！－ adjust
adjustable	形（調整可能な；順応できる）
adjuster	名（調停者；調整器）

まとめてCheck!	類語をCheck！－「焼く」
burn	燃やす
bake	パンなどをオーブンなどで焼く
roast	肉などをオーブン・直火などで焼く
toast	パンなどをこんがりと焼く

| ☑ 0824 | **bleed**
ブリード
/ bliːd / | 動 出血する
派 名 **blood** (血液)
例 **bleed** from the nose (鼻から出血する) |

| ☑ 0825 | **bloom**
ブルーム
/ bluːm / | 動 咲く
例 enjoy small flowers **blooming** in late autumn
（晩秋に咲いている小さな花を愛でる） |

| ☑ 0826 | **boil**
ボイル
/ bɔɪl / | 動 をゆでる
例 **boil** potatoes （ジャガイモをゆでる） |

| ☑ 0827 | **bump**
バンプ
/ bʌmp / | 動 ぶつかる
例 **bump** into a bicycle on the corner
（曲がり角で自転車にぶつかる） |

| ☑ 0828 | **burst**
バ〜スト
/ bəːˈst / | 動 を破裂させる
例 a river **bursting** its banks
（堤防を決壊させそうな川） |

| ☑ 0829 | **calm**
カーム
/ kɑːm /　●発音 | 動 を静める
例 **calm** a person's nerves by patting him/her
on the back
（人の背中をなでて神経を静めてやる） |

| ☑ 0830 | **chase**
チェイス
/ tʃeɪs / | 動 を追う
例 **chase** a stolen car （盗難車を追う） |

| ☑ 0831 | **chat**
チャット
/ tʃæt / | 動 おしゃべりする
例 **chat** on the phone （電話でおしゃべりする） |

| ☑ 0832 | **cheat**
チート
/ tʃiːt / | 動 をだます
例 be **cheated** by a salesman
（セールスマンにだまされる） |

0833

cheer

チア
/ tʃɪəʳ /

動 声援を送る

派 形 **cheerful**（快活な）
例 **cheer** for one's favorite soccer player
（好きなサッカー選手に声援を送る）

0834

chew

チュー
/ tʃuː /

動 かむ

例 **chew** on tobacco（かみタバコをかむ）

0835

chop

チャップ
/ tʃɑːp /

動 を刻む

例 **chop** vegetables for soup
（スープ用に野菜を刻む）

0836

click

クリック
/ klɪk /

動 クリックする

例 **click** on an icon（アイコンをクリックする）

0837

collapse

カラプス
/ kəlǽps /

動 崩壊する

例 **collapse** because of an earthquake
（地震で崩壊する）

0838

confess

コンフェス
/ kənfés /　　🎤アク

動 を告白する

派 名 **confession**（告白）
例 **confess** that one overslept
（寝過ごしたと告白する）

0839

confirm

コンファ～ム
/ kənfɚ́ːm /

動 を確認する

派 名 **confirmation**（確認）
例 **confirm** one's seat（座席を確認する）

0840

congratulate

コングラチュレイト
/ kəngrǽtʃəleɪt /　　🎤アク

動 を称賛する

派 名 **congratulation**（賛辞）
例 **congratulate** passengers on their calmness in an emergency
（緊急事態での乗客の冷静さを称賛する）

まとめてCheck!	派生語をPlus！－ calm
calmly	副（静かに）
calmness	名（静けさ）

| ☑ 0841 | **conquer**
カンカァ
/ ká:ŋkə^r / | 動 を征服する
派 名 **conqueror**（征服者）
例 **conquer** a neighboring country
（隣国を征服する） |

| ☑ 0842 | **consist**
コンスィスト
/ kənsíst / | 動 成り立つ
派 形 **consistent**（一貫した）
例 a language **consisting** of three kinds of characters
（3 種類の文字で成り立っている言語） |

| ☑ 0843 | **construct**
コンストゥラクト
/ kənstrʌ́kt / | 動 を建設する
派 名 **construction**（建設）
例 **construct** the tallest tower in the world
（世界でいちばん高い塔を建てる） |

| ☑ 0844 | **convert**
コンヴァ～ト
/ kənvə́:t / | 動 を転換する
派 名 **conversion**（転換）
例 **convert** wind power into electricity
（風力を電気に変える） |

| ☑ 0845 | **convince**
コンヴィンス
/ kənvíns / | 動 を確信させる
派 名 **conviction**（確信）
例 be **convinced** of a person's honesty
（人の誠実さを確信する） |

| ☑ 0846 | **count**
カウント
/ kaʊnt / | 動 を数える
派 形 **countless**（数え切れないほどの）
例 **count** the number of male students
（男子学生の数を数える） |

| ☑ 0847 | **debate**
ディベイト
/ dɪbéɪt / | 動 を討論する
例 **debate** an issue hotly
（問題を熱心に討論する） |

| ☑ 0848 | **declare**
ディクレア
/ dɪkléə^r / | 動 を宣言する
派 名 **declaration**（宣言）
例 **declare** that smallpox has been eliminated from the earth
（天然痘が地上から消滅したと宣言する） |

| ☑ 0849 | **dedicate**
デディケイト
/ dédɪkeɪt / 🎤アク | 動 をささげる
派 名 **dedication**（献身）
例 **dedicate** one's life to research
（一生を研究にささげる） |

define

☑ 0850

ディ**ファ**イン
/ dɪfáɪn /

動 を定義する
派 形 **definite**（はっきりした）
例 **define** a word（語を定義する）

delete

☑ 0851

ディ**リー**ト
/ dɪlíːt /

動 を削除する
例 **delete** a file from one's computer
（コンピューターからファイルを削除する）

demonstrate

☑ 0852

デモンストゥレイト
/ démənstreɪt /　🎤アク

動 を実証する
派 名 **demonstration**（実証）
例 **demonstrate** that scientific approaches are efficient
（科学的な取り組みが効率が良いことを実証する）

desire

☑ 0853

ディ**ザ**イア
/ dɪzáɪəʳ /

動 を強く望む
例 get the **desired** result
（望んだ通りの結果を得る）

direct

☑ 0854

ディ**レ**クト
/ dərékt /

動 を向ける
派 名 **direction**（方向）
例 **direct** a person's attention to the speaker
（人の注意を話者へと向ける）

distinguish

☑ 0855

ディス**ティ**ングウィシ
/ dɪstíŋgwɪʃ /　●発音

動 識別する
派 形 **distinct**（明らかな）
例 **distinguish** between two objects by sight
（2つの物を目で見て識別する）

まとめてCheck!	語源をCheck! ― struct「築き上げる」
structure	struct（築き上げる）+ure（こと）→（構造；建物）
construct	con（共に）+struct（築き上げる）→（を建設する）
instruct	in（中に）+struct（築き上げる）→（に教える）
destruction	de（否定）+struct（築き上げる）+ion（こと）→（破壊）

まとめてCheck!	派生語をPlus! ― desire
desirable	形（望ましい）
desirous	形（切望している）

まとめてCheck!	意味をPlus! ― direct	
形 直接の	a **direct** flight to New York（ニューヨークへの直行便）
動 を指導する, 監督する	**direct** a lot of successful movies（多くのヒット映画を監督する）
動 に道を教える	**direct** a person to a post office（人に郵便局までの道を教える）

☑ 0856	**distribute** ディストゥ**リ**ビュト / dɪstríbjət /	動 を配給する 派 名 **distribution**（配給） 例 **distribute** flyers to students （チラシを学生に配布する）
☑ 0857	**dive** **ダ**イヴ / daɪv /	動 ダイビングする 派 名 **diver**（潜水士） 例 go **diving** in Okinawa （沖縄へダイビングをしに行く）
☑ 0858	**dominate** **ダ**ミネイト / dɑ́:mɪneɪt /	動 を支配する 派 形 **dominant**（支配的な） 例 **dominate** a country by force （国を力ずくで支配する）
☑ 0859	**drill** ドゥ**リ**ル / drɪl /	動 (穴)を開ける 例 **drill** holes through a board（板に穴を開ける）
☑ 0860	**drown** ドゥ**ラ**ウン / draʊn /	動 溺死する 例 **drown** in a river（川で溺死する）
☑ 0861	**ease** **イ**ーズ / i:z /	動 を和らげる 派 形 **easy**（安楽な） 例 **ease** pain with drugs（薬で痛みを和らげる）
☑ 0862	**educate** **エ**デュケイト / édʒəkeɪt /　🔊アク	動 を教育する 派 名 **education**（教育） 例 **educate** children at school （子どもたちを学校で教育する）
☑ 0863	**enable** エ**ネ**イブル / ɪnéɪbəl /	動 (人)に可能にさせる 派 形 **able**（できる） 例 **enable** students to answer questions more easily （生徒たちがもっと簡単に問題を解けるようにする）
☑ 0864	**endanger** エン**デ**インヂァ / ɪndéɪndʒəʳ /	動 を危険にさらす 派 形 **endangered**（絶滅が危惧される） 例 **endanger** a species of plant （植物の種を絶滅の危険にさらす）

☑ 0865 **engage**

エンゲイヂ

/ ɪngèɪdʒ /

動 従事する

派 名 **engagement** (関与)

例 **engage** in agriculture (農業に従事する)

☑ 0866 **ensure**

インシュア

/ ɪnʃʊəʳ /

動 を保証する

例 **ensure** equal opportunity for everyone
(全員への機会均等を保証する)

☑ 0867 **entertain**

エンタテイン

/ éntəʳtéɪn /

動 を愉しませる, もてなす

派 名 **entertainment** (娯楽, もてなし)

例 **entertain** guests with magic tricks
(マジックでお客さんを楽しませる)

☑ 0868 **evaluate**

イヴァリュエイト

/ ɪvǽljueɪt /

動 を評価する

派 名 **evaluation** (評価)

例 **evaluate** the quality of a product
(製品の品質を評価する)

☑ 0869 **exaggerate**

イグザヂェレイト

/ ɪgzǽdʒəreɪt /

動 を誇張する

例 **exaggerate** one's accomplishments
(自分の業績を誇張する)

☑ 0870 **expire**

イクスパイア

/ ɪkspáɪəʳ /

動 有効期限が切れる

派 名 **expiration** (終了)

例 a passport that **expires** in six months
(6カ月後に期限が切れるパスポート)

☑ 0871 **export**

エクスポート

/ ɪkspɔ́ːʳt /

動 を輸出する

派 名 **exportation** (輸出)

例 **export** products to neighboring countries
(近隣諸国へ製品を輸出する)

☑ 0872 **expose**

イクスポウズ

/ ɪkspóʊz /

動 をさらす

派 名 **exposure** (身をさらすこと)

例 be **exposed** to sunshine for a long time
(日光に長い時間さらされる)

まとめてCheck!	語源をCheck! ― port「運ぶ」
portable	**port**(運ぶ)+**able**(できる)→(持ち運びできる)
export	**ex**(外へ)+**port**(運ぶ)→(を輸出する)
import	**im**(中に)+**port**(運ぶ)→(を輸入する)
transport	**trans**(別の場所へ)+**port**(運ぶ)→(を運送する)

☑ 0873	**extend** イクス**テ**ンド / ɪksténd /	動 を延長する 派 名 **extension**（延長） 例 **extend** a deadline（締め切りを延長する）
☑ 0874	**float** フ**ロ**ウト / floʊt /	動 を浮かべる 派 名 **flotation**（浮力） 例 **float** a boat on a lake （湖にボートを浮かべる）
☑ 0875	**illustrate** **イ**ラストゥレイト / íləstreɪt /	動 を例証する 派 名 **illustration**（例証） 例 **illustrate** the importance of voting （投票することの重要性を例証する）
☑ 0876	**imply** インプ**ラ**イ / ɪmpláɪ /	動 をほのめかす 派 名 **implication**（ほのめかし） 例 **imply** that one is disappointed （がっかりしたとほのめかす）
☑ 0877	**indicate** **イ**ンディケイト / índɪkeɪt /	動 を指摘する 派 名 **indication**（指摘） 例 **indicate** that the population will decrease （人口が減ることを指摘する）
☑ 0878	**insert** インサ～ト / ɪnsə́ːt / 🎙️アク	動 を挿入する 派 名 **insertion**（挿入） 例 **insert** batteries in a clock （時計に電池を挿入する）
☑ 0879	**instruct** インストゥ**ラ**クト / ɪnstrʌ́kt /	動 (人)に指導する 派 名 **instruction**（指示） 例 **instruct** boys to be gentlemen （少年たちを紳士であるように指導する）
☑ 0880	**insult** イン**サ**ルト / ɪnsʌ́lt / 🎙️アク	動 を侮辱する 例 feel **insulted** by a person's remark （人の言葉で侮辱されたと感じる）
☑ 0881	**interfere** インタ**フィ**ア / ɪntəˈfíə/ 🎙️アク	動 邪魔をする 派 名 **interference**（邪魔） 例 **interfere** with a person's reading （人の読書を邪魔する）

☑ 0882

interpret

インタ～プリト
/ ɪntə́ːˈprət /　🎤アク

動 **を解釈する**

派 名 **interpretation**（解釈）
例 **interpret** a nod as a sign of agreement
（うなずきを同意の印と解釈する）

☑ 0883

irritate

イリテイト
/ ɪrɪteɪt /

動 **をいらいらさせる**

派 形 **irritating**（いらいらさせる）
例 **irritate** the people around oneself
（周囲の人々をいらいらさせる）

☑ 0884

justify

ヂャスティファイ
/ dʒʌstɪfaɪ /

動 **を正当化する**

派 名 **justification**（正当化）
例 **justify** one's behavior with an excuse
（言い訳をして自分の行いを正当化する）

☑ 0885

launch

ローンチ
/ lɔːntʃ /　●発音

動 **を打ち上げる**

例 **launch** a weather satellite
（気象衛星を打ち上げる）

☑ 0886

lay

レイ
/ leɪ /

動 **(卵)を産む**

例 **lay** eggs in a nest（巣の中で卵を産む）

☑ 0887

lean

リーン
/ liːn /

動 **傾く**

例 **lean** toward the audience when speaking
（話している時に聴衆の方に身を乗り出す）

☑ 0888

link

リンク
/ lɪŋk /

動 **を関連付ける**

例 **link** a disease to a certain kind of bacteria
（病気をある種のバクテリアと関連付ける）

☑ 0889

manufacture

マニュ**ファ**クチャ
/ mænjəfǽktʃəʳ /　🎤アク

動 **を製造する**

派 名 **manufacturer**（メーカー）
例 **manufacture** goods at a factory
（工場で商品を製造する）

まとめてCheck!	語源をCheck! ― manu「手」
manual	manu(手)+al(〜の)→(手の；マニュアル)
manufacture	manu(手)+facture(作る)→(を製造する)
maintain	main(手)+tain(保つ)→(を維持する)

133

☑ 0890	**march** マーチ / mɑːʳtʃ /	動 行進する 例 a group of citizens **marching** through Washington, D.C. （ワシントン D.C. を行進する市民の一団）
☑ 0891	**master** マスタァ / mǽstəʳ /	動 を習得する 派 名 **mastery**（熟練） 例 **master** the use of tools （道具の使い方を習得する）
☑ 0892	**modify** マディファイ / mάːdɪfaɪ /	動 を修正する 派 名 **modification**（修正） 例 **modify** one's views after a discussion （討議の後で見解を修正する）
☑ 0893	**monitor** マニタァ / mάːnəţəʳ /	動 を監視する 例 **monitor** air pollution at a certain spot （ある地点での大気汚染を監視する）
☑ 0894	**motivate** モウティヴェイト / móʊţəveɪt /	動 (人)を動機づける 派 名 **motivation**（意欲） 例 be **motivated** by kindness rather than by obligation （義務よりむしろ親切心が動機となる）
☑ 0895	**multiply** マルティプライ / mʌ́ltɪplaɪ /	動 (数)に掛ける 派 名 **multiplication**（掛け算） 例 **multiply** each number by 4 （それぞれの数に 4 を掛ける）
☑ 0896	**oblige** オブライヂ / əbláɪdʒ / ●発音	動 (人)に余儀なくさせる 派 名 **obligation**（義務） 例 be **obliged** to accept responsibility for that issue （その案件について責任を持たざるを得ない）
☑ 0897	**occupy** アキュパイ / άːkjəpaɪ / ●発音	動 を占める 派 名 **occupation**（占領） 例 **occupy** a territory illegally （不法に領地を占拠する）
☑ 0898	**offend** オフェンド / əfénd /	動 (人)の感情を害する 派 名 **offense**（立腹） 例 be **offended** by others' comments （他人の意見に感情を害する）

☑ 0899	**overcome** オウヴァ**カ**ム / ˌòuvəˈkʌ́m /	動 を克服する 例 **overcome** obstacles before succeeding （成功する前に障害を克服する）

☑ 0900	**overlap** オウヴァ**ラ**ップ / ˌòuvəˈlǽp /	動 重なり合う 例 **overlapping** sheets of paper （重なり合っている紙片）

☑ 0901	**owe** **オ**ウ / óu /	動 を負う 派 形 **owing**（未払いの） 例 **owe** one's success to one's family members' support（成功は家族の支えのおかげである）

☑ 0902	**panic** **パ**ニク / pǽnɪk /	動 慌てふためく 例 **panic** at false information （誤った情報に慌てふためく）

☑ 0903	**perceive** パ〜**スィー**ヴ / pəˈsíːv /	動 を思う 派 名 **perception**（認識） 例 be **perceived** as generous （気前がいいと思われている）

☑ 0904	**permit** パ**ミ**ット / pəˈmít /	動 （人）に許可する 派 名 **permission**（許可） 例 be **permitted** to go out （外出を許可される）

☑ 0905	**pile** **パ**イル / páil /	動 を積み重ねる 例 **pile** magazines on a table （テーブルに雑誌を積み重ねる）

☑ 0906	**polish** **パ**リシュ / pɑ́ːlɪʃ /	動 を磨く 例 **polish** the silver with a soft cloth （銀器を柔らかい布で磨く）

まとめてCheck!	語源をCheck！－ ceive「取る」
conceive	con（全く）＋ceive（取る）→（を思いつく, 考える）
deceive	de（〜から）＋ceive（取る）→（をだます）
perceive	per（完全に）＋ceive（取る）→（を思う）
receive	re（後ろへ）＋ceive（取る）→（を受け取る）

135

☑ 0907 **pollute**

ポルート
/ pəlúːt /

動 を汚染する
派 名 **pollution**（汚染）
例 **pollute** the air with heavy black smoke
（濃く黒い煙で空気を汚す）

☑ 0908 **postpone**

ポウストゥ**ポウン**
/ poʊstpóʊn /

動 を延期する
例 **postpone** a baseball game
（野球の試合を延期する）

☑ 0909 **purify**

ピュアリファイ
/ pjúərɪfaɪ /

動 を浄化する
派 形 **pure**（きれいな）
例 water **purified** with equipment
（装置を通過して浄化された水）

☑ 0910 **puzzle**

パズル
/ pʌ́zəl /

動 を悩ませる
例 **puzzle** oneself over strange graffiti
（妙な落書きに頭を悩ます）

☑ 0911 **rebuild**

リー**ビルド**
/ riːbíld /

動 を改築する
例 **rebuild** a 40-year-old building
（築 40 年の建物を改築する）

☑ 0912 **recruit**

リク**ルート**
/ rɪkrúːt /

動 （人）を採用する
派 名 **recruitment**（新人の募集）
例 **recruit** a few young men into a group
（若い男性を 2，3 人グループに入れる）

☑ 0913 **reflect**

リフ**レクト**
/ rɪflékt /

動 を反射する
派 名 **reflection**（反射）
例 **reflect** sunlight on the surface
（表面に日光を反射させる）

☑ 0914 **refrain**

リフ**レイン**
/ rɪfréɪn /

動 差し控える
例 **refrain** from using cell phones
（携帯電話の使用を控える）

☑ 0915 **reject**

リ**ヂェクト**
/ rɪdʒékt /

動 を拒絶する
派 名 **rejection**（拒絶）
例 **reject** an offer of a donation
（寄付の申し出を拒否する）

☑ 0916
reply
リプ**ラ**イ
/ rɪplάɪ /

動 返答する
例 **reply** to a pile of e-mails
（山のような E メールに返答する）

☑ 0917
reproduce
リープロ**デュ**ース
/ rìːprədjúːs /

動 繁殖する
派 名 **reproduction**（繁殖）
例 prevent deer from **reproducing**
（シカの繁殖を抑える）

☑ 0918
rescue
レスキュー
/ réskjuː /

動 を救う
例 **rescue** an elephant from hunters
（ハンターから象を救う）

☑ 0919
resign
リ**ザ**イン
/ rɪzάɪn /

動 辞任する
派 名 **resignation**（辞任）
例 **resign** from one's post as CEO
（CEO の地位を辞任する）

☑ 0920
resist
リ**ズ**ィスト
/ rɪzíst /

動 に抵抗する
派 名 **resistance**（抵抗）
例 **resist** the temptation to eat chocolate
（チョコレートを食べるという誘惑に抵抗する）

☑ 0921
review
リ**ヴュ**ー
/ rɪvjúː /

動 を見返す
例 **review** one's notes before an exam
（試験の前にノートを見返す）

☑ 0922
revise
リ**ヴァ**イズ
/ rɪvάɪz /

動 を改訂する
派 名 **revision**（改訂）
例 the most recently **revised** edition of a book
（書籍の最新の改訂版）

まとめてCheck!	類語をCheck！ー「答える」
reply	よく考えてから答える
answer	「答える」という意味の最も一般的な語
respond	「反応する」という意味。answerよりもやや堅い語

まとめてCheck!	語源をCheck！ー sign「印を付ける」
assign	as（～に）＋sign（印を付ける）→（を割り当てる）
resign	re（再び）＋sign（印を付ける）→（辞任する）
design	de（下に）＋sign（印を付ける）→（をデザインする）

☑ 0923 **revolve**
リバルヴ
/ rivá:lv /

動 回転する
派 名 **revolution**（回転）
例 satellites **revolving** around Saturn
（土星の周囲を回る衛星）

☑ 0924 **rewrite**
リーライト
/ ri:ráit /

動 を書き換える
例 **rewrite** an essay before submitting it
（提出する前にリポートを書き直す）

☑ 0925 **roast**
ロウスト
/ roust /

動 を焼く
例 **roast** potatoes in the oven
（ジャガイモをオーブンで焼く）

☑ 0926 **roll**
ロウル
/ roul /

動 転がる
派 名 **roller**（ローラー）
例 a ball **rolling** down the street
（道を転がっていくボール）

☑ 0927 **ruin**
ルーイン
/ rú:in /

動 を損なう
派 形 **ruined**（破壊された）
例 **ruin** a person's idea
（人のアイデアを駄目にする）

☑ 0928 **scratch**
スクラッチ
/ skrætʃ /

動 を引っかく
例 happen to **scratch** the door
（たまたまドアを引っかいてしまう）

☑ 0929 **seek**
スィーク
/ si:k /

動 を探し求める
例 **seek** employment abroad
（外国で仕事を探し求める）

☑ 0930 **settle**
セトゥル
/ sétḷ /

動 定住する
派 名 **settlement**（定住）
例 **settle** in Canada at last
（やっとカナダに定住する）

☑ 0931 **sigh**
サイ
/ sai /
●発音

動 ため息をつく
例 **sigh** deeply while looking outside
（外を見ながら深いため息をつく）

☑ 0932 **skim**

スキム
/ skɪm /

動 にざっと目を通す

例 **skim** the page of stock prices
（株価のページにざっと目を通す）

☑ 0933 **slide**

スライド
/ slaɪd /

動 を滑らせる

例 **slide** money into one's pocket
（金をポケットに滑り込ませる）

☑ 0934 **sneeze**

スニーズ
/ sniːz /

動 くしゃみをする

例 **sneeze** and cough because of a cold
（風邪でくしゃみとせきをする）

☑ 0935 **sniff**

スニフ
/ snɪf /

動 のにおいをかぐ

例 **sniff** foods in a refrigerator
（冷蔵庫に入っている食べ物のにおいをかぐ）

☑ 0936 **soak**

ソウク
/ soʊk /

動 をびしょぬれにする

例 get **soaked** in a shower
（にわか雨でぐっしょりぬれる）

☑ 0937 **split**

スプリット
/ splɪt /

動 を分ける

例 **split** one portion between two people
（1人前を2人で分け合う）

☑ 0938 **starve**

スターヴ
/ stɑːʳv /

動 飢える

例 **starve** to death（飢え死にする）

☑ 0939 **stir**

スター〜
/ stɑːʳ /

動 をかき回す

例 **stir** milk into coffee
（ミルクをコーヒーに入れてかき混ぜる）

まとめてCheck!	派生語をPlus！－ starve
starvation	名（餓死, 飢餓）
starving	形（飢えた）

139

☑ 0940	**stock** スタック / stɑːk /	動 (商品など)を在庫として置いている 例 **stock** a wide range of carpenter's tools （大工道具を幅広く置いている）
☑ 0941	**stretch** ストゥレッチ / stretʃ /	動 延びている 例 a highway **stretching** across a peninsula （半島を横断して延びる幹線道路）
☑ 0942	**substitute** サブスティテュート / sʌ́bstɪtjuːt /	動 を代用する 派 名 **substitution**（代用） 例 **substitute** margarine for butter （バターの代わりにマーガリンを用いる）
☑ 0943	**suspect** サスペクト / səspékt /	動 (人)を疑う 派 名 **suspicion**（疑い） 例 **suspect** a person of robbery （人に強盗の疑いをかける）
☑ 0944	**suspend** サスペンド / səspénd /	動 を一時停止にする 派 名 **suspension**（一時的停止） 例 **suspend** a person's driver's license （人の運転免許を一時停止にする）
☑ 0945	**tempt** テンプト / tempt /	動 (人)を誘惑する 派 名 **temptation**（誘惑） 例 be **tempted** to drink too much （誘惑に負けてつい飲み過ぎる）
☑ 0946	**tighten** タイトゥン / táɪtn /	動 をしっかり締める 派 形 **tight**（きつい） 例 **tighten** a screw top （ねじぶたをしっかり締める）
☑ 0947	**trace** トゥレイス / treɪs /	動 をたどる 例 **trace** a family history（家系をたどる）
☑ 0948	**transform** トゥランスフォーム / trænsfɔ́ːrm /　🎤アク	動 を変形させる 派 名 **transformation**（変形） 例 a theater **transformed** from a warehouse （倉庫を改装した劇場）

treasure
☑ 0949
トゥレジャァ
/ tréʒəʳ /

動 を大切にする
名 財宝
例 **treasure** a ring given by one's mother
（母親からもらった指輪を大切にする）

unpack
☑ 0950
アンパック
/ ʌ̀npǽk /

動 を開封する
例 **unpack** one's bags in a hotel room
（ホテルの部屋でかばんを荷ほどきする）

upgrade
☑ 0951
アプグレイド
/ ʌ̀pgréid /

動 をグレードアップする
名 / ʌ́pgreid / グレードアップ
例 offer an **upgraded** plan to a customer
（顧客にグレードアップしたプランを提供する）

urge
☑ 0952
ア〜ヂ
/ əːʳdʒ /

動 に強く求める
例 **urge** schools to reduce teachers' workloads
（教員の仕事量を減らすように学校に強く求める）

utilize
☑ 0953
ユートゥライズ
/ júːtlaɪz /

動 を利用する
派 名 **utilization**（利用）
例 **utilize** wind force to generate energy
（エネルギーを作るのに風力を利用する）

vote
☑ 0954
ヴォウト
/ voot /

動 投票する
派 名 **voter**（投票者）
例 **vote** for a new candidate
（新しい候補者に投票する）

wave
☑ 0955
ウェイヴ
/ weɪv /

動 手を振る
派 形 **wavy**（揺れ動く）
例 **wave** at one's mother
（母親に向かって手を振る）

whip
☑ 0956
フ**ウィ**ップ
/ hwɪp /

動 を泡立てる, むちで打つ
派 名 **whipping**（むち打ち）
例 **whip** albumen until stiff
（卵白を固くなるまでを泡立てる）

widen
☑ 0957
ワイドゥン
/ wáɪdn /

動 の幅を広げる
派 形 **wide**（幅広い）
例 **widen** a street（通りの幅を広げる）

RANK **C**

ここで差がつく重要単語

英検2級名詞

0958	**background** バックグラウンド / bǽkgraʊnd /	名 背景 例 a person's cultural **background** （人の文化的背景）
0959	**checkup** **チェ**カプ / tʃékʌp /	名 健康診断 例 have a medical **checkup**（健康診断を受ける）
0960	**childhood** **チャ**イルドゥフド / tʃáɪldhʊd /	名 子ども時代 派 名 **child**（子ども） 例 since early **childhood**（幼少期からずっと）
0961	**comment** **カ**メント / kɑ́:ment / 🎤ア ク	名 論評 派 名 **commentator**（評論家） 例 make a **comment** about a play （芝居について論評する）
0962	**container** コン**テ**イナァ / kəntéɪnɚ /	名 容器 派 動 **contain**（を含む） 例 put garbage in a metal **container** （生ごみを金属の容器に入れる）
0963	**convenience** コン**ヴィー**ニエンス / kənvíːniəns /	名 便利 派 形 **convenient**（便利な） 例 the **convenience** of various kinds of software （さまざまなソフトウエアの利便性）
0964	**crop** ク**ラ**ップ / krɑ:p /	名 農作物 例 **crops** destroyed by a hurricane （ハリケーンで壊滅した農作物）
0965	**custom** **カ**スタム / kʌ́stəm /	名 習慣 派 形 **customary**（慣習の） 例 practice local **customs** （地域の慣習通りに行う）

☑ 0966	**electronics** イレクトゥ**ラ**ニクス / ilèktrάːnɪks /	名 電子機器 派 形 **electronic**（電子の） 例 buy accessories at an **electronics** store （電子機器店で付属品をいくつか買う）
☑ 0967	**emotion** イ**モ**ウション / ɪmóʊʃən /	名 感情 派 形 **emotional**（感情の） 例 control one's **emotions** and behavior （自分の感情と行動をコントロールする）
☑ 0968	**extinction** イクス**ティ**ンクション / ɪkstíŋkʃən /	名 絶滅 派 形 **extinct**（絶滅した） 例 an animal in danger of **extinction** （絶滅の危機に瀕している動物）
☑ 0969	**fiber** **ファ**イバァ / fáɪbəʳ /	名 繊維 例 a bundle of cotton **fibers**（木綿繊維の束）
☑ 0970	**flavor** フ**レ**イヴァ / fléɪvəʳ /	名 味 例 the **flavor** of strawberry ice cream （ストロベリーアイスクリームの味）
☑ 0971	**fossil** **ファ**スィル / fάːsəl /	名 化石 例 find a dinosaur **fossil** （恐竜の化石を見つける）
☑ 0972	**fur** **ファ**～ / fəːʳ /	名 毛皮 例 trade goods for beaver **furs** （商品をビーバーの毛皮と交換する）

まとめてCheck!	語源をCheck！ － tain「保つ」
obtain	**ob**(自分の方へ)＋**tain**(保つ)→（を保持する）
entertain	**enter**(人の間に入って)＋**tain**(保つ)→（を楽しませる）
container	**con**(共に)＋**tain**(保つ)＋**er**(もの)→（容器）
sustain	**sus**(下から)＋**tain**(保つ)→（を支える）

まとめてCheck!	関連語をCheck！－ emotion(感情)		
glad	（うれしく思う）	nervous	（不安な）
sad	（悲しい）	angry	（腹を立てて）
happy	（幸せな）	lonely	（寂しい）

☑ 0973
gravity
グラヴィティ
/ ɡrǽvəṭi /

名 重力
派 形 **grave**（重大な）
例 irrigation systems using the force of **gravity**（重力を利用したかんがいシステム）

☑ 0974
habit
ハビト
/ hǽbɪt /

名 習慣
派 形 **habitual**（習慣的な）
例 give up one's **habit** of smoking（喫煙の習慣をやめる）

☑ 0975
habitat
ハビタト
/ hǽbɪtæt /

名 生息地
派 名 **habitation**（居住）
例 an elephant's **habitat**（ゾウの生息地）

☑ 0976
housework
ハウスワ～ク
/ hǽʊswəːk /

名 家事
例 come to do **housework**（家事をしに来る）

☑ 0977
instrument
インストゥルメント
/ ínstrəmənt /
🎤ア ク

名 楽器
派 形 **instrumental**（楽器で演奏される）
例 practice playing a musical **instrument**（楽器の演奏を練習する）

☑ 0978
issue
イシュー
/ íʃuː /

名 問題点
例 resolve a difficult **issue**（難しい問題点を解決する）

☑ 0979
jam
ヂャム
/ dʒæm /

名 渋滞
例 leave early in the morning to avoid traffic **jams**（交通渋滞を避けるために朝早く出発する）

☑ 0980
length
レンクス
/ leŋkθ /

名 長さ
派 動 **lengthen**（を長くする）
例 be 4.3 m in **length**（長さが 4.3 m ある）

☑ 0981
luxury
ラグジャリィ
/ lʌ́ɡʒəri /

名 ぜいたく品
派 形 **luxurious**（ぜいたくな）
例 buy **luxury** items at a shop（店でぜいたく品を買う）

☑ 0982	**minister** ミニスタァ / mínɪstər /	名 大臣 派 名 **ministry**（省） 例 the defense **minister**（防衛大臣）
☑ 0983	**navy** ネイヴィ / néɪvi /	名 海軍 派 形 **naval**（海軍の） 例 work for the U.S. **Navy**（米国海軍で働く）
☑ 0984	**opportunity** アポ**チュ**ーニティ / ɑ̀ːpərtjúːnəṭi / 🎤アク	名 機会 例 afford every citizen equal **opportunity** （全ての市民に等しい機会を与える）
☑ 0985	**permission** パ**ミ**ション / pərmíʃən /	名 許可 派 動 **permit**（を許可する） 例 leave the classroom with the teacher's **permission**（先生の許可を得て教室を出て行く）
☑ 0986	**phenomenon** フェ**ナ**メナン / fənɑ́ːmənɑːn /	名 現象 派 形 **phenomenal**（現象的な） 例 research a natural **phenomenon** on earth （地球の自然現象を調査する）
☑ 0987	**politician** パリ**ティ**シャン / pɑ̀ːlətíʃən /	名 政治家 派 名 **politics**（政治） 例 succeed as a **politician** （政治家として成功する）
☑ 0988	**principal** プ**リ**ンスィパル / prínsəpəl /	名 校長 例 listen to the **principal**'s speech at a ceremony （校長の式辞に耳を傾ける）

まとめてCheck!	関連語をCheck！－ instrument（楽器）		
piano	（ピアノ）	violin	（バイオリン）
flute	（フルート）	cello	（チェロ）
guitar	（ギター）	contrabass	（コントラバス）
drum	（ドラム, 太鼓）	clarinet	（クラリネット）

まとめてCheck!	意味をPlus！－ issue	
名 （雑誌などの）号	the April **issue**（4月号）
動 を発行する	**issue** commemorative stamps（記念切手を発行する）

名詞

単語編

145

☑ 0989	**prison** プリゾン / prízən /	名 刑務所 派 名 **prisoner** (囚人) 例 be sent to **prison** for robbery （強盗で刑務所に入れられる）
☑ 0990	**publicity** パブ**リ**スィティ / pʌblísəti /	名 宣伝 派 形 **public** (公共の) 例 be good **publicity** for a manufacturer （メーカーにとって良い宣伝となる）
☑ 0991	**quantity** ク**ワ**ンティティ / kwɑ́:ntəti /	名 量 例 need large **quantities** of water （大量の水を必要とする）
☑ 0992	**rainforest** レインフォーレスト / réinfɔ:rəst /	名 多雨林 例 cut down Indonesian **rainforests** （インドネシアの多雨林を伐採する）
☑ 0993	**religion** リ**リ**ヂョン / rilídʒən /	名 宗教 派 形 **religious** (宗教の) 例 do a general review of major world **religions** （世界の主な宗教を概観する）
☑ 0994	**reputation** レビュ**テ**イション / rèpjətéiʃən /	名 評判 派 名 **repute** (評判) 例 have a bad **reputation** as a lawyer （弁護士としては悪い評判を得ている）
☑ 0995	**response** リス**パ**ンス / rispɑ́:ns /	名 反応 派 動 **respond** (反応する) 例 in **response** to critical opinions （批判的な意見に反応して）
☑ 0996	**rhythm** リズム / ríðəm /	名 律動的な動き 派 形 **rhythmic** (律動的な) 例 an irregular heart **rhythm** （不規則な心臓の鼓動）
☑ 0997	**standard** ス**タ**ンダド / stǽndəʳd /	名 水準 派 動 **standardize** (を規格化する) 例 have the highest educational **standards** in the world （世界で最も教育水準が高い）

START
|
25%
50%
75%
1750語
100%

単語編

RANK
C

名詞

☑ 0998
substance
サブスタンス
/ sʌ́bstəns /

名 物質
派 形 **substantial**（実質的な）
例 absorb poisonous **substances**
（毒性のある物質を吸収する）

☑ 0999
symbol
スィンボル
/ símbəl /

名 象徴
派 形 **symbolic**（象徴的な）
例 a **symbol** of Japanese culture
（日本文化の象徴）

☑ 1000
target
ターゲト
/ tɑ́ːʳgɪt /

名 標的
例 miss the **target** in archery
（アーチェリーで的を外す）

☑ 1001
temple
テンプル
/ témpəl /

名 神殿
例 a **temple** dedicated to Jupiter
（ユピテル神に捧げられた神殿）

☑ 1002
wheel
フウィール
/ hwiːl /

名 車輪
例 change a toothed **wheel**（歯車を交換する）

☑ 1003
accuracy
アキュラスィ
/ ǽkjərəsi /

名 正確さ
派 形 **accurate**（正確な）
例 doubt the **accuracy** of information
（情報の正確さを疑う）

☑ 1004
acquaintance
アクウェインタンス
/ əkwéintəns /

名 知人
派 動 **acquaint**（に知らせる）
例 hear about an event through an **acquaintance**
（知り合いからイベントのことを聞く）

まとめてCheck!	関連語をCheck！－ religion（宗教）		
Christianity	（キリスト教）	**Hinduism**	（ヒンズー教）
Buddhism	（仏教）	**Judaism**	（ユダヤ教）
Islam	（イスラム教）		

まとめてCheck!	派生語をPlus！－ symbol
symbolize	動（を象徴する）
symbolism	名（象徴化）

☑ 1005 **affair**

アフェア
/ əféə' /

名 情勢
例 deal with foreign **affairs**
（外交問題に対応する）

☑ 1006 **agriculture**

ア**グ**リカルチァ
/ ǽgrɪkʌltʃə' /

名 農業
派 形 **agricultural**（農業の）
例 use chemical fertilizers in **agriculture**
（農業で化学肥料を用いる）

☑ 1007 **altitude**

ア**ル**ティテュード
/ ǽltɪtʃuːd /

名 高地
例 train at high **altitudes**
（高地でトレーニングする）

☑ 1008 **angle**

アングル
/ ǽŋgəl /

名 角度
派 形 **angular**（角度のある）
例 look at an object from a different **angle**
（違う角度から物体を見る）

☑ 1009 **anxiety**

アン**ザ**イエティ
/ æŋzáɪəti /　　●発音

名 不安
派 形 **anxious**（心配な）
例 reduce a mother's **anxiety**
（母親の心配を軽減する）

☑ 1010 **appetite**

アピタイト
/ ǽpɪtaɪt /

名 食欲
例 have an aperitif to increase one's **appetite**
（食欲を増進させるために食前酒を飲む）

☑ 1011 **applause**

アプ**ロー**ズ
/ əplɔ́ːz /　　●発音

名 拍手
派 動 **applaud**（拍手する）
例 erupt in **applause**（喝采がどっと起こる）

☑ 1012 **architect**

アーキテクト
/ ɑ́ːʰkɪtekt /　　●発音

名 建築家
派 名 **architecture**（建築学）
例 be designed by a local **architect**
（地元の建築家によって設計される）

☑ 1013 **aspect**

アスペクト
/ ǽspekt /

名 側面
例 reduce negative **aspects**
（否定的な側面を減らす）

☑ 1014	**attempt** アテンプト / ətémpt /	名 試み 例 an **attempt** to avoid traffic jams （交通渋滞を避けようとする試み）

☑ 1015	**attitude** ア**ティ**テュード / ǽtətjuːd /	名 態度 例 change one's **attitude** toward a person （人に対する態度を変える）

名詞

☑ 1016	**authority** ア**ソー**リティ / əθɔ́ːrəti /	名 当局 派 動 **authorize**（(人)に権威を与える） 例 report to the concerned **authorities** （関係当局に報告する）

☑ 1017	**backpack** バクパク / bǽkpæk /	名 リュックサック 例 wander in the mountains with a **backpack** （リュックサックを背負って山中を放浪する）

☑ 1018	**bill** ビル / bil /	名 請求書 例 find a mistake on a credit card **bill** （クレジットカードの請求書に誤りを見つける）

☑ 1019	**biography** バイ**ア**グラフィ / baiɑ́grəfi / 🔊アク	名 伝記 派 名 **biographer**（伝記作家） 例 edit a **biography** of a famous musician （有名なミュージシャンの伝記を編集する）

☑ 1020	**border** ボーダァ / bɔ́ːʲdaʲ /	名 国境（線） 例 defend a **border** between two countries （2 国間の国境を防衛する）

まとめてCheck!	語源をCheck！ － cult「耕す」
culture	cult(耕す)+ure(もの)→ (文化)
cultivate	cultiv(耕された)+ate(する)→ (を耕す)
agriculture	agri(畑)+cult(耕す)+ure(もの)→ (農業)

まとめてCheck!	語源をCheck！ － graph「書く」
autograph	auto(自身の)+graph(書く)→ (自筆, サイン)
biography	bio(生命)+graph(書く)+y(もの)→ (伝記)
photograph	photo(光の)+graph(書く)→ (写真)
telegraph	tele(遠距離の)+graph(書く)→ (電報)

| ☑ 1021 | **brand**
ブランド
/ brænd / | 名 銘柄
例 look for one's favorite **brand** of tea
（好きな紅茶の銘柄を探す） |

| ☑ 1022 | **buffet**
バフェト
/ bʌ́fət / | 名 ビュッフェ
例 pay for a breakfast **buffet** separately
（朝食ビュッフェの代金を別に支払う） |

| ☑ 1023 | **burden**
バ〜ドゥン
/ bɚ́ːdn / | 名 重荷
例 lessen a person's financial **burden**
（人の財政負担を減らす） |

| ☑ 1024 | **bureau**
ビュアロウ
/ bjʊ́ərou / | 名 （官庁の）局
例 work in the Weather **Bureau**（気象局で働く） |

| ☑ 1025 | **campaign**
キャンペイン
/ kæmpéɪn /　●発音 | 名 キャンペーン
例 support a **campaign** as a volunteer
（ボランティアでキャンペーンを支援する） |

| ☑ 1026 | **candidate**
キャンディデイト
/ kǽndɪdeɪt / | 名 候補者
派 名 **candidacy**（立候補）
例 vote for a **candidate**（候補者に投票する） |

| ☑ 1027 | **capacity**
カパスィティ
/ kəpǽsəṭi / | 名 定員
例 have a **capacity** of 35 people
（定員が 35 人である） |

| ☑ 1028 | **cash**
キャッシ
/ kæʃ / | 名 現金
例 pay for a room in **cash**（部屋代を現金で払う） |

| ☑ 1029 | **ceiling**
スィーリング
/ síːlɪŋ / | 名 天井
例 look at a **ceiling** decorated with a painting
（絵画で装飾された天井を見る） |

certificate
サ**ティ**フィケト
/ səˈtɪfɪkət /

名 証明書
派 動 **certify**（を証明する）
例 be required to submit one's birth **certificate**
（出生証明書の提出を要求される）

---

championship
チャンピオンシプ
/ tʃæmpiənʃɪp /

名 選手権
派 名 **champion**（優勝者）
例 win a world **championship**
（世界選手権を獲得する）

---

characteristic
キャラクタ**リ**スティク
/ kærəktərɪstɪk /　🎤アク

名 特徴
派 名 **character**（特徴）
例 inherit desirable **characteristics**
（望ましい特徴を受け継ぐ）

---

circumstance
サ～カムスタンス
/ sɔ́ːˈkʌmstæns /　🎤アク

名 環境
例 get used to new **circumstances**
（新しい環境に慣れる）

---

coincidence
コウ**イ**ンスィデンス
/ kouínsɪdəns /

名 一致
派 動 **coincide**（同時に起こる）
例 meet a friend in a department store by **coincidence**
（偶然の一致でデパートで友人に会う）

---

colleague
カリーグ
/ kɑːliːɡ /

名 同僚
例 go out for lunch with **colleagues**
（同僚たちとランチに出掛ける）

---

committee
コ**ミ**ティ
/ kəmiṭi /

名 委員会
派 動 **commit**（（議案など）を委員会に委ねる）
例 hold a **committee** meeting
（委員会を行う）

---

companion
コン**パ**ニョン
/ kəmpǽnjən /

名 連れ
例 find one's lifelong **companion**
（生涯の伴侶を見つける）

まとめてCheck!	語源をCheck! ― mit「送る」
admit	ad（～へ）+mit（送る）→（に入場を認める）
permit	per（～を通して）+mit（送る）→（を許可する）
committee	com（共に）+mitt（送る）+ee（～される人）→（委員会）

☐ 1038

courage

カ〜レヂ
/ kə́ːrɪdʒ /　　●発音

名 勇気

派 形 **courageous**（勇気のある）
例 have the **courage** to travel abroad alone
（一人で海外旅行をする勇気がある）

☐ 1039

credit

クレディト
/ krédɪt /

名 称賛

派 形 **creditable**（称賛に値する）
例 deserve **credit** for winning a championship
（選手権での優勝は称賛に値する）

☐ 1040

definition

デフィ二ション
/ dèfəníʃən /

名 定義

派 形 **definite**（明確な）
例 give a **definition** of each object
（各物体の定義をする）

☐ 1041

delight

ディライト
/ dɪláɪt /

名 喜び

派 形 **delightful**（愉快な）
例 be filled with great **delight**（歓喜に満ちる）

☐ 1042

departure

ディパーチァ
/ dɪpɑ́ːrtʃər /

名 出発

派 動 **depart**（出発する）
例 confirm the **departure** time
（出発時間を確認する）

☐ 1043

depth

デプス
/ depθ /

名 深さ

派 形 **deep**（深い）
例 develop the **depth** of the relationship
between the residents（住民間の関係を深める）

☐ 1044

discrimination

ディスクリミネイション
/ dɪskrɪmənéɪʃən /

名 差別

派 動 **discriminate**（差別する）
例 eliminate racial **discrimination**
（人種差別を撤廃する）

☐ 1045

distinction

ディスティンクション
/ dɪstíŋkʃən /

名 区別

派 形 **distinct**（明確な）
例 make no **distinction** between male students and
female students（男子生徒と女子生徒を区別しない）

☐ 1046

drawing

ドゥローイング
/ drɔ́ːɪŋ /

名 絵

派 動 **draw**（を描く）
例 make **drawings** while traveling widely
（広く旅しながら絵を描く）

名詞

☑ 1047 **ecosystem**

イーコウスィステム
/ íːkoʊsɪstəm /
🎤アク

名 生態系

例 damage the delicate **ecosystems** of a site
（現地の繊細な生態系を損なう）

☑ 1048 **edge**

エッヂ
/ edʒ /

名 端

例 live on the **edge** of town
（町の外れに住んでいる）

☑ 1049 **exception**

イクセプション
/ ɪksépʃən /

名 例外

派 形 **exceptional**（例外的な）
例 be one of the few **exceptions**
（数少ない例外の一つである）

☑ 1050 **explosion**

イクスプロウジョン
/ ɪksplóʊʒən /

名 爆発

派 動 **explode**（爆発する）
例 hear an **explosion** nearby
（近くで爆発音を聞く）

☑ 1051 **fame**

フェイム
/ feɪm /

名 名声

派 形 **famous**（有名な）
例 seek everlasting **fame**
（永遠に続く名声を求める）

☑ 1052 **famine**

ファミン
/ fǽmɪn /

名 飢餓

例 an increasing risk of **famine**
（増大しつつある飢餓の危険性）

☑ 1053 **feature**

フィーチァ
/ fíːtʃər /
●発音

名 特徴

例 have some important **features**
（いくつかの重要な特徴がある）

まとめてCheck!	派生語をPlus！– definition
define	動（を定義する）
definitely	副（明確に）
definitive	形（決定的な）

まとめてCheck!	類語をCheck！–「絵」
picture	一般的な意味での絵
painting	絵の具で描かれた絵
drawing	主にペン・鉛筆・クレヨンでなどの線で描かれた絵
printing	版に刷られた絵

☑ 1054

feedback

フィードゥバク
/ fíːdbæk /

名 意見, 感想
例 receive **feedback** to analyze
（分析すべき意見をもらう）

☑ 1055

fiction

フィクション
/ fíkʃən /

名 小説
派 形 **fictitious**（架空の）
例 dream of becoming a **fiction** writer
（小説家になることを夢見る）

☑ 1056

firework

ファイアワ～ク
/ fáɪəˈwaːk /

名 花火
例 go to watch **fireworks**（花火を見に行く）

☑ 1057

flour

フラウア
/ fláʊəʳ /
●発音

名 穀物粉
例 make bread with corn **flour**
（トウモロコシ粉でパンを作る）

☑ 1058

formation

フォーメイション
/ fɔːˈmèɪʃən /

名 形成
派 動 **form**（を形成する）
例 gather data on typhoon **formation**
（台風の形成についてのデータを集める）

☑ 1059

foundation

ファウンデイション
/ faʊndéɪʃən /

名 財団
派 動 **found**（を設立する）
例 establish a **foundation** to manage an organization
（組織を管理する財団を設立する）

☑ 1060

frontier

フランティア
/ frʌntɪəʳ /

名 辺境
例 see space as the final **frontier**
（宇宙を最後の未開の地と見なす）

☑ 1061

funeral

フューネラル
/ fjúːnərəl /

名 葬式
例 attend a **funeral** at a church
（教会で葬式に参列する）

☑ 1062

greenhouse

グリーンハウス
/ gríːnhaʊs /
●アク

名 温室
例 release **greenhouse** gases
（温室効果ガスを放出する）

名詞

☑ 1063	**hardship** ハードゥシプ / háːrdʃɪp /	名 苦難 派 形 **hard**（苦しい） 例 suffer **hardship** caused by war （戦争による苦難を被る）
☑ 1064	**illusion** イルージョン / ɪlúːʒən /	名 錯覚 例 a work of art using an optical **illusion** （目の錯覚を用いた芸術品）
☑ 1065	**instinct** **イ**ンスティンクト / ínstɪŋkt / 🎤アク	名 本能 派 形 **instinctive**（本能的な） 例 cats' **instinct** for hunting （猫の狩りをする本能）
☑ 1066	**institute** **イ**ンスティテュート / ínstɪtjuːt /	名 機関 派 名 **institution**（機構） 例 continue to study at an **institute** of higher education（高等教育の機関で勉強を続ける）
☑ 1067	**interaction** インタ**ラ**クション / ɪntərǽkʃən /	名 相互作用 派 形 **interactive**（双方向の） 例 increase social **interaction** among residents （住民間の社会的相互作用を増やす）
☑ 1068	**investment** イン**ヴェ**ストゥメント / ɪnvéstmənt /	名 投資 派 動 **invest**（を投資する） 例 be worth the **investment**（投資の価値がある）
☑ 1069	**justice** **ヂャ**スティス / dʒʌ́stɪs /	名 裁判 派 形 **just**（公正な） 例 bring a person to **justice**（人を裁判にかける）
☑ 1070	**laboratory** **ラ**ブラトーリィ / lǽbrətɔːri /	名 実験室 例 do experiments in a science **laboratory** （科学実験室で実験を行う）

まとめてCheck!	派生語をPlus！－ formation
formal	形（形式的な）
formula	名（決まったやり方）

☑ 1071	**landmark** ランドゥマーク / lǽndmɑːˈk /	名 目印 例 use **landmarks** in directing a person （人に道を教えるのに目印を用いる）
☑ 1072	**landscape** ランドゥスケイプ / lǽndskeɪp /	名 風景 例 see changing **landscapes** driving across the continent （大陸を車で横断する間に変化する風景を見る）
☑ 1073	**latitude** ラティテュード / lǽtətjuːd /	名 緯度 例 be on about the same **latitude** as Rome （だいたいローマと同じ緯度にある）
☑ 1074	**lawyer** ローヤァ / lɔ́ːjəˈ /　　●発音	名 弁護士 派 名 **law**（法律） 例 hire a **lawyer**（弁護士を雇う）
☑ 1075	**leadership** リーダシプ / líːdəˈʃɪp /	名 指導者の地位 派 名 **leader**（指導者） 例 get women of ability in **leadership** roles （有能な女性を指導的な役割に就ける）
☑ 1076	**legend** レヂェンド / lédʒənd /	名 伝説的人物 派 形 **legendary**（非常に有名な） 例 a **legend** such as Abebe Bikila （アベベ・ビキラのような伝説的人物）
☑ 1077	**leisure** リーヂァ / líːʒəˈ /　　●発音	名 余暇 派 形 **leisurely**（ゆっくりした） 例 spend one's **leisure** time reading （読書をして余暇を過ごす）
☑ 1078	**literature** リテラチァ / lítərətʃəˈ /　　🎤アク	名 文学 派 形 **literary**（文学の） 例 major in French **literature** （フランス文学を専攻する）
☑ 1079	**luggage** ラゲヂ / lʌ́gɪdʒ /	名 荷物 例 leave one's **luggage** at the front desk （フロントで荷物を預ける）

名詞

☑ 1080

manner

マ_ナァ_
/ ménə /

名 態度

例 respond in a pompous **manner**
（横柄な態度で返事をする）

☑ 1081

memory

メモリィ
/ méməri /

名 記憶

派 名 **memorial**（記念物）
例 reduce **memory** loss by training
（訓練で物忘れを減らす）

☑ 1082

millionaire

ミリョ_ネア_
/ miljənéə /　　🎤ア_ク_

名 百万長者

派 名 **million**（百万）
例 become a **millionaire**（百万長者になる）

☑ 1083

mineral

ミネラル
/ mínərəl /

名 鉱物

派 名 **mine**（鉱山）
例 be poor in **mineral** resources
（鉱物資源に乏しい）

☑ 1084

minimum

ミニマム
/ mínɪməm /

名 最小限

派 動 **minimize**（を最小限にする）
例 at a **minimum** expense（最小限の出費で）

☑ 1085

minority

ミ_ノー_リティ
/ mənɔ́:rəṭi /

名 少数派

派 形 **minor**（少ない方の）
例 face prejudice against ethnic **minorities**
（少数民族に対する偏見に直面する）

☑ 1086

mission

ミション
/ míʃən /

名 任務

派 名 **missionary**（宣教師）
例 accomplish a **mission**（任務を達成する）

まとめてCheck!	類語をCheck！－「風景」
landscape	見渡せる陸地の風景
scene	1つ1つの光景・眺め
scenery	ある地方などの風景全体
view	特定の場所から目に見える範囲の風景・眺め

まとめてCheck!	反意語をCheck！
latitude	⇔ **longitude**（経度）
minimum	⇔ **maximum**（最大限）
minority	⇔ **majority**（多数派）

☑ 1087

monument

マニュメント
/ mɑ́:njəmənt /

名 遺跡
派 形 **monumental**（記念碑的な）
例 conserve a **monument**（遺跡を保存する）

☑ 1088

necessity

ネ**セ**スィティ
/ nəsésəṭi /　　●発音

名 必需品
派 形 **necessary**（必要な）
例 be short of the basic **necessities**
（基本的な必要品にも事欠いている）

☑ 1089

nutrition

ニュートゥ**リ**ション
/ njutríʃən /

名 栄養摂取
派 名 **nutrient**（栄養素）
例 a disease caused by lack of **nutrition**
（栄養失調から起こる病気）

☑ 1090

occasion

オ**ケ**イジョン
/ əkéiʒən /

名 行事
派 形 **occasional**（特別な場合のための）
例 clothing for special **occasions**
（特別な行事で着る服）

☑ 1091

option

アプション
/ ɑ́:pʃən /

名 選択肢
派 副 **optional**（選べる）
例 choose one from among various **options**
（さまざまな選択肢から1つを選ぶ）

☑ 1092

origin

オーリヂン
/ ɔ́:rɪdʒɪn /　　🎤アク

名 生まれ
派 形 **original**（本来の）
例 force a person to return to his/her country of **origin**
（人を出身国へ強制送還する）

☑ 1093

outcome

アウトゥカム
/ ɑ́utkʌm /

名 （最終的な）結果
例 achieve the desired **outcome**
（望んだ通りの結果を達成する）

☑ 1094

path

パス
/ pæθ /

名 小道
例 follow a long narrow **path** along a river
（川沿いの長く続く細い小道をたどる）

☑ 1095

pedestrian

ペ**デ**ストゥリアン
/ pədéstriən /

名 歩行者
例 go shopping in a **pedestrian** mall
（歩行者専用商店街に買い物に行く）

☑ 1096	**perfume** パ～フューム / pəːrfjuːm / 🎤アク	名 香水 例 get the newest **perfume** of one's favorite brand （お気に入りのブランドの最新の香水を買う）

☑ 1097	**physics** フィズィクス / fíziks /	名 物理学 派 形 **physical**（物理学の） 例 take **physics** classes（物理の授業を受ける）

☑ 1098	**property** プラパティ / prɑ́pərti /	名 特質 派 形 **proper**（適切な） 例 the physical **properties** of steel （鋼鉄の物理的特性）

☑ 1099	**proportion** プロポーション / prəpɔ́ːrʃən /	名 割合 派 形 **proportional**（釣り合った） 例 an increasing **proportion** of female professors （増加している女性教授の割合）

☑ 1100	**quarter** クウォータァ / kwɔ́ːrtər / ●発音	名 4分の1 派 形 **quarterly**（年4回の） 例 over three-**quarters** of the total （合計の4分の3以上）

☑ 1101	**regulation** レギュレイション / règjəléiʃən /	名 規則 派 動 **regulate**（を規制する） 例 be against **regulations**（規則違反である）

☑ 1102	**revolution** レヴォルーション / rèvəlúːʃən /	名 革命 派 形 **revolutionary**（革命的な） 例 cause another **revolution** in the automobile world （自動車業界に新たな革命を起こす）

まとめてCheck!	派生語をPlus！− origin
originate	動（起こる；始まる）
originally	副（元は）
originality	名（独創性）

まとめてCheck!	語源をCheck！− ped「足」
pedal	ped(足)＋al(〜の)→（ペダル）
pedestrian	ped(estr)(足)＋ian(人)→（歩行者）
expedition	ex(外へ)＋ped(足)＋iton(すること)→（遠征）
centipede	centi(100)＋pede(足)→（ムカデ）

☑ 1103
rival
ライヴァル
/ ráɪvəl /

名 競争相手
派 名 **rivalry**（競争）
例 compete with one's main **rival** in the final
（決勝戦で最大の競争相手と争う）

☑ 1104
rumor
ルーマァ
/ rúːmə^r /

名 うわさ
例 spread a **rumor**（うわさを広める）

☑ 1105
sacrifice
サクリファイス
/ sǽkrɪfaɪs /

名 いけにえ
派 形 **sacrificial**（いけにえの）
例 offer a sheep as a **sacrifice**
（いけにえとして羊をささげる）

☑ 1106
scar
スカー
/ skɑː^r /

名 傷跡
例 have a **scar** on one's leg（脚に傷痕がある）

☑ 1107
scene
スィーン
/ siːn /

名 情景
派 名 **scenery**（景色）
例 paint a **scene** from one's childhood memories
（子どもの頃の思い出の情景を描く）

☑ 1108
scenery
スィーネリィ
/ síːnəri /

名 景色
派 名 **scene**（情景）
例 paint a picture of **scenery** in perspective
（遠近法で景色の絵を描く）

☑ 1109
scholar
スカラァ
/ skɑ́ːlə^r /

名 学者
派 名 **scholarship**（奨学金）
例 listen to **scholars'** warnings
（学者たちの警告に耳を傾ける）

☑ 1110
scholarship
スカラシプ
/ skɑ́ːlə^rʃɪp /

名 奨学金
派 名 **scholar**（学者）
例 apply for a **scholarship**（奨学金を申し込む）

☑ 1111
semester
セメスタァ
/ səméstə^r /

名 学期
例 get good grades the next **semester**
（次の学期に良い成績を取る）

START
25%
50%
75%
100%
1750語
単語編
C

動詞

名詞

形容詞・副詞

☑ 1112 **session**

セション
/ séʃən /

名 会合

例 attend a study **session**(研究会に参加する)

☑ 1113 **soil**

ソイル
/ sɔil /

名 土

例 use the fertile **soil** of the area
（その地域の肥沃（ひよく）な土を利用する）

☑ 1114 **sorrow**

サロウ
/ sɑ́ːrou /

名 悲しみ

派 形 **sorrowful**（とても悲しそうな）
例 express one's **sorrow** by crying loudly
（大声で泣いて悲しみを表す）

☑ 1115 **sponsor**

スパンサァ
/ spɑ́nsəʳ /

名 スポンサー

派 名 **sponsorship**（後援）
例 become a **sponsor** of an event
（イベントのスポンサーになる）

☑ 1116 **storage**

ストーレヂ
/ stɔ́ːridʒ /
● 発音

名 保管

派 動 **store**（を保管する）
例 need enough **storage** capacity
（十分な保管場所を必要とする）

☑ 1117 **structure**

ストゥ**ラ**クチァ
/ strʌ́ktʃəʳ /

名 建造物

派 形 **structural**（構造上の）
例 reconstruct old **structures**
（古い建造物を改築する）

☑ 1118 **summary**

サマリィ
/ sʌ́məri /

名 要約

派 動 **summarize**（を要約する）
例 write a 500-word **summary** of the author's speech
（作家の講演を 500 語で要約する）

☑ 1119 **symptom**

ス**ィ**ンプトム
/ símptəm /

名 症状

例 have common **symptoms** of the flu
（インフルエンザによく見られる症状がある）

☑ 1120 **tension**

テンション
/ ténʃən /

名 緊張

派 動 **tense**（を緊張させる）
例 ease political **tensions** with a neighboring
country（隣国との政治的緊張を緩和する）

☑ 1121 **territory**

テリトーリィ
/ térətɔːri /

名 領土
派 形 **territorial**（領地の）
例 invade a neighbor's **territory**
（隣国の領地を侵略する）

☑ 1122 **thread**

スレッド
/ θred /　　●発音

名 糸
例 attach a button to a shirt with a needle and **thread**
（針と糸でシャツにボタンを付ける）

☑ 1123 **tourism**

トゥアリズム
/ túərizəm /　　●発音

名 観光産業
派 名 **tour**（旅行）
例 growth of **tourism** and other service industries
（観光産業や他のサービス業の成長）

☑ 1124 **version**

ヴァ～ヂョン
/ vɚːʒən /

名 版
例 read the English **version** of "The Tale of Genji"
（「源氏物語」の英語版を読む）

☑ 1125 **vice**

ヴァイス
/ vais /

名 悪癖
派 形 **vicious**（残忍な）
例 the **vice** of drinking too much
（飲み過ぎという悪癖）

☑ 1126 **victim**

ヴィクティム
/ víktim /

名 犠牲者
例 mourn for the **victims** of an incident
（事件の犠牲者を哀悼する）

☑ 1127 **vocabulary**

ヴォウ**キャ**ビュレリィ
/ voukǽbjəleri /　　🎤アク

名 語彙（ごい）
例 obtain a wider French **vocabulary**
（より広範囲にわたるフランス語の語彙を獲得する）

☑ 1128 **wheat**

フ**ウィー**ト
/ hwiːt /

名 小麦
例 turn land into **wheat** fields
（土地を小麦畑に変える）

☑ 1129 **wildlife**

ワイルドゥライフ
/ wáildlaif /

名 野生生物
例 sell **wildlife** illegally
（野生生物を違法に販売する）

名詞

☑ 1130 **attraction**
アトゥ**ラ**クション
/ atrǽkʃən /

名 魅力
派 形 **attractive**（魅力的な）
例 **attraction** of rural life
（田舎の生活の魅力）

☑ 1131 **physician**
フィ**ズィ**シャン
/ fɪzíʃən /

名 内科医
例 consult with a **physician**
（内科医に診てもらう）

☑ 1132 **resource**
リーソース
/ ríːsɔːs /

名 資源
例 be rich in mineral **resources**
（鉱物資源が豊かである）

☑ 1133 **suburb**
サバ〜ブ
/ sʌ́bɜːb /
● 発音

名 郊外
例 commute from the **suburbs**
（郊外から通勤する）

☑ 1134 **sum**
サム
/ sʌm /

名 金額
例 invest a large **sum** in a business
（多額の金を事業に投資する）

☑ 1135 **surrounding**
サ**ラ**ウンディング
/ səráʊndɪŋ /

名 周囲の状況
派 動 **surround**（を取り巻く）
例 be aware of one's **surroundings**
（周囲の状況に気付いている）

☑ 1136 **trial**
トゥ**ラ**イアル
/ tráɪəl /

名 裁判
派 動 **try**（を審理する）
例 get involved in a **trial**（裁判に関係する）

☑ 1137 **virus**
ヴァイラス
/ váɪrəs /
● 発音

名 ウイルス
例 spread a **virus** all over an area
（ウイルスを地域全体にまん延させる）

まとめてCheck!	関連語をCheck！− wheat(小麦)		
ear	(穂)	bran	(ふすま、ぬか)
chaff	(もみ殻)	beard, awn	(のぎ)

RANK C	ここで差がつく重要単語

英検2級形容詞・副詞など

1138 musical

ミューズィカル
/ mjúːzɪkəl /

形 音楽の
派 名 **music**（音楽）
例 a **musical** instrument（楽器）

1139 present

プレゼント
/ prézənt /　🎤アク

形 現在の, 出席している
派 名 **presence**（存在）
例 the **present** manager of a hotel
（ホテルの現支配人）

1140 previous

プリーヴィアス
/ príːviəs /　🔊発音

形 前の
派 副 **previously**（前もって）
例 compared with the **previous** year
（前年と比べて）

1141 rough

ラフ
/ rʌf /　🔊発音

形 大まかな
派 副 **roughly**（おおよそ）
例 make a **rough** estimate（概算を出す）

1142 sensitive

センスィティヴ
/ sénsətɪv /

形 敏感な
派 動 **sense**（を感じる）
例 be **sensitive** to the sun
（日差しに対して敏感である）

1143 silly

シリィ
/ síli /

形 （人が）ばかな, ばかげた
例 a **silly** question
（ばかげた質問）

1144 skilled

スキルド
/ skɪld /

形 熟練した,（仕事が）熟練を要する
派 名 **skill**（技術）
例 a **skilled** guitar player（熟練のギター奏者）

1145 steady

ステディ
/ stédi /　🔊発音

形 着実な
派 副 **steadily**（着実に）
例 provide a **steady** supply of electricity
（電気を安定的に供給する）

START

.... 25% .... 50% 75% 100%

1750語

単語編

RANK C

動詞

名詞

形容詞・副詞 など

☑ 1146	**sudden** サドゥン / sʌ́dn /	形 突然の 派 副 **suddenly**（突然） 例 a **sudden** change in the weather （天候の急変）
☑ 1147	**suitable** スータブル / súːtəbəl /	形 適している 例 books that are **suitable** for children （子どもに向いている本）
☑ 1148	**suspicious** サスピシャス / səspíʃəs /	形 疑わしく思っている 派 名 **suspicion**（疑念） 例 be **suspicious** of a new method （新しい方法に疑念を持っている）
☑ 1149	**urgent** ア〜ヂェント / ə́ːrdʒənt /	形 急ぎの 派 副 **urgently**（緊急に） 例 feel an **urgent** need to solve a problem （問題を解決する切迫した必要性を感じる）
☑ 1150	**visible** ヴィズィブル / vízəbəl /	形 目に見える 派 副 **visibly**（目に見えて） 例 **visible** light（可視光）
☑ 1151	**abrupt** アブラプト / əbrʌ́pt /	形 急な 派 副 **abruptly**（急に） 例 cause **abrupt** changes in the environment （環境の急変をもたらす）

まとめてCheck!	反意語をCheck!
present	⇔ **past**（過去の）
previous	⇔ **following**（次の）
suitable	⇔ **unsuitable**（適していない）

まとめてCheck!	派生語をPlus！− sensitive
sensible	形（分別のある）
sensibility	名（感性）
sensitivity	名（感受性）

まとめてCheck!	語源をCheck！− vis「見る」
visible	**vis**（見る）+**ible**（できる）→（目に見える）
visit	**vis**（見る）+**it**（行く）→（を訪問する）
advise	**ad**（〜の方）+**vise**（見る）→（に助言する）

☑ 1152	**alternative** オールタ〜ナティヴ / ɔːltˈɜːrnətɪv / 🎤ア	形 代わりの 派 形 **alternate**（交互に起こる） 例 test **alternative** methods （代わりとなる方法を試す）
☑ 1153	**annoying** アノイイング / ənɔ́iiŋ /	形 いらいらさせる 派 動 **annoy**（をいらいらさせる） 例 find the voices coming from the TV **annoying** （テレビから聞こえる声をうっとうしく思う）
☑ 1154	**annual** アニュアル / ǽnjuəl /	形 年1回の 派 副 **annually**（年に1度） 例 an **annual** painting contest （年に1度の絵画コンテスト）
☑ 1155	**awful** オーフル / ɔ́ːfəl /	形 ひどい, 不快な 派 副 **awfully**（ひどく） 例 **awful** weather（ひどい天気）
☑ 1156	**capable** ケイパブル / kéɪpəbəl /	形 能力がある, 有能な 派 名 **capability**（能力） 例 be **capable** of running one hundred meters in less than ten seconds（100メートルを10秒かからずに走れる）
☑ 1157	**chemical** ケミカル / kémɪkəl /	形 化学の 派 名 **chemist**（化学者） 例 work at a **chemical** company （化学製品会社で働く）
☑ 1158	**chief** チーフ / tʃíːf /	形 最高位の 派 副 **chiefly**（主に） 例 the **chief** officer（長官）
☑ 1159	**competitive** コンペティティヴ / kəmpéṭəṭɪv /	形 競争の 派 動 **compete**（競争する） 例 a **competitive** sport such as long-distance running（長距離走のような競技スポーツ）
☑ 1160	**complex** カンプレクス / kɑ́ːmpleks / 🎤ア	形 複雑な 派 名 **complexity**（複雑さ） 例 a **complex** system of grammar （複雑な文法体系）

☑ 1161 **contrary**

カントゥレリィ
/ kάːntreri /

形 反対の

例 be **contrary** to a person's expectations
（人の予想に反している）

☑ 1162 **domestic**

ドメスティク
/ dəméstɪk /

形 家庭の, 飼い慣らされた

派 動 **domesticate**（を家畜化する）
例 a **domestic** animal（家畜）

☑ 1163 **eager**

イーガァ
/ íːgəʳ /

形 熱心な, 熱望している

派 副 **eagerly**（熱心に）
例 be **eager** to learn English
（英語を学びたいと切望している）

☑ 1164 **elementary**

エリメンタリィ
/ èlɪméntəri /

形 初歩の

派 名 **element**（初歩）
例 an **elementary** school（小学校）

☑ 1165 **emotional**

イモウショナル
/ ɪmóʊʃənəl /

形 感情の

派 名 **emotion**（感情）
例 express an **emotional** state such as anger
（怒りのような感情の状態を表現する）

☑ 1166 **enthusiastic**

エンスーズィアスティク
/ ɪnθjùːziǽstɪk /

形 熱心な

派 名 **enthusiasm**（熱心さ）
例 be **enthusiastic** about studying
（勉強することに熱心である）

☑ 1167 **entire**

エンタイア
/ ɪntάɪəʳ /

形 全体の

派 副 **entirely**（完全に）
例 a person's **entire** life（人の全人生）

形容詞・副詞など

まとめてCheck!	意味をPlus！－ chief
名 （集団・組織などの）長	the **chief** of the tribe（首長）
形 主要な	the **chief** cause of the failure（失敗の主な原因）

まとめてCheck!	派生語をPlus！－ competitive
competition	名 （競争）
competitor	名 （競争相手）

☑ 1168 **ethnic**
エスニク
/ éθnɪk /

形 民族の, 人種の
派 名 **ethnicity** (民族性)
例 students from various **ethnic** backgrounds
（さまざまな民族的背景を持つ生徒たち）

☑ 1169 **extreme**
イクストゥリーム
/ ɪkstriːm /

形 非常に厳しい, 極端な
派 副 **extremely** (極端に)
例 an **extreme** climate （非常に厳しい気候）

☑ 1170 **fluent**
フルーエント
/ flúːənt /

形 流ちょうな
派 副 **fluently** (流ちょうに)
例 be **fluent** in French
（フランス語がぺらぺらである）

☑ 1171 **formal**
フォーマル
/ fɔːrməl /

形 正式の, フォーマルな
派 名 **form** (形)
例 put on **formal** clothes （正装する）

☑ 1172 **fortunate**
フォーチュネト
/ fɔːrtʃənət /

形 運の良い
派 名 **fortune** (運)
例 feel **fortunate** to win the lottery
（宝くじに当たって幸運だと思う）

☑ 1173 **genuine**
ヂェニュイン
/ dʒénjuɪn /

形 真の
派 副 **genuinely** (心から)
例 feel **genuine** happiness （真の幸福を感じる）

☑ 1174 **guilty**
ギルティ
/ gílti /

形 罪悪感のある
派 名 **guilt** (罪悪感)
例 feel **guilty** for being absent from school
（学校を休んで気がとがめる）

☑ 1175 **imaginary**
イマヂネリィ
/ ɪmǽdʒəneri /

形 想像上の
派 動 **imagine** (を想像する)
例 an **imaginary** animal （想像上の動物）

☑ 1176 **incredible**
インクレディブル
/ ɪnkrédəbəl /

形 途方もない
派 副 **incredibly** (信じ難いほど)
例 waste an **incredible** amount of water
（とんでもない量の水を無駄遣いする）

形容詞・副詞など

☑ 1177
individual
インディ**ヴィ**デュアル
/ ìndɪvídʒuəl /
🎤ア

形 個々の
派 副 **individually**（個々に）
例 the scholastic ability of **individual** students
（生徒個人個人の学力）

☑ 1178
initial
イ**ニ**シャル
/ ɪníʃəl /

形 初めの
派 動 **initiate**（を始める）
例 the **initial** costs of building a factory
（工場を建設する際の初期費用）

☑ 1179
instant
インスタント
/ ínstənt /

形 即席の, インスタントの
派 副 **instantly**（すぐに）
例 **instant** noodles（インスタントヌードル）

☑ 1180
lazy
レイズィ
/ léɪzi /

形 怠惰な
派 名 **laziness**（怠惰）
例 a **lazy** student（怠け者の学生）

☑ 1181
loose
ルース
/ luːs /
●発音

形 緩んだ
派 動 **loosen**（を緩める）
例 tighten a **loose** screw（緩んだねじを締める）

☑ 1182
magnificent
マグ**ニ**フィセント
/ mæɡnífɪsənt /

形 壮大な
派 名 **magnificence**（壮大さ）
例 a **magnificent** view from the top of a mountain
（山頂からの壮大な眺め）

まとめてCheck!	語源をCheck！ — flu「流れる」
fluent	**flu**（流れる）+**ent**（〜のような）→（流ちょうな）
fluid	**flu**（流れる）+**id**（状態の）→（流動性の）
influence	**in**（中へ）+**flu**（流れる）+**ence**（もの）→（影響）

まとめてCheck!	反意語をCheck！
fortunate	⇔ **unfortunate**（不運な）
guilty	⇔ **innocent**（無邪気な）
loose	⇔ **tight**（きつい）

まとめてCheck!	語源をCheck！ — gen「生む」
generation	**gener**（生む）+**at(e)**（出す）+**ion**（こと）→（世代；同時代の人々）
genuine	**genu**（生む）+**ine**（〜に関する）→（真の）
genetic	**genet**（発生）+**ic**（の）→（遺伝子の）

☑ 1183

neat

ニート
/ níːt /

形 きちんとした
派 副 **neatly** (きちんと)
例 be **neat** and clean
(きちんとしてきれいである)

☑ 1184

offensive

オフェンスィヴ
/ əfénsɪv /

形 不愉快な, 無礼な
派 名 **offense** (無礼)
例 be **offensive** to women
(女性に対して無礼である)

☑ 1185

organic

オーギャニク
/ ɔːˈgǽnɪk /

形 有機栽培の
例 buy **organic** food (オーガニック食品を買う)

☑ 1186

pleasant

プレズント
/ plézənt /
●発音

形 愉快な, 心地良い
派 動 **please** (を喜ばせる)
例 a **pleasant** room (心地良い部屋)

☑ 1187

potential

ポテンシャル
/ pəténʃəl /

形 潜在的な
派 副 **potentially** (潜在的に)
例 attract **potential** customers
(潜在顧客を引き付ける)

☑ 1188

practical

プラクティカル
/ prǽktɪkəl /

形 現実的な
派 名 **practice** (実行)
例 It's not **practical** to check all of the data.
(全データをチェックするのは現実的ではない。)

☑ 1189

precious

プレシャス
/ préʃəs /

形 貴重な
例 waste **precious** time
(貴重な時間を無駄にする)

☑ 1190

pregnant

プレグナント
/ prégnənt /

形 妊娠している
派 名 **pregnancy** (妊娠)
例 a **pregnant** woman (妊婦)

☑ 1191

proper

プラパァ
/ prɑ́ːpəʳ /

形 (目的や状況にかなって)適切な
派 副 **properly** (適切に)
例 in a **proper** way (適切な方法で)

☐ 1192	**rapid** ラピド / rǽpɪd /	形 **速い** 派 副 **rapidly**（急速に） 例 the **rapid** growth of the Internet industry （インターネット産業の急速な成長）
☐ 1193	**severe** スィヴィア / sɪvíər /	形 （問題・病気などが）**深刻な** 派 副 **severely**（ひどく） 例 suffer from a **severe** allergy （重いアレルギーに苦しむ）
☐ 1194	**sharp** シャープ / ʃɑːp /	形 **急激な** 派 副 **sharply**（急激に） 例 a **sharp** rise in fuel costs（燃料費の急騰）
☐ 1195	**solid** サリド / sɑːlɪd /	形 （証拠などが）**確固たる** 例 find **solid** evidence（確かな証拠を見つける）
☐ 1196	**sound** サウンド / saʊnd /	形 **堅実な** 例 be economically **sound** （経済面で堅実である）
☐ 1197	**specific** スペスィフィク / spəsífɪk / 🎤アク	形 **特定の** 派 動 **specify**（を明細に述べる） 例 on a **specific** day of the month （月内の特定の日に）

形容詞・副詞 など

まとめてCheck!	反意語をCheck!
pleasant	⇔ unpleasant（不愉快な）
practical	⇔ impractical（非現実的な）
proper	⇔ improper（不適切な）

まとめてCheck!	類語をCheck！ －「貴重な」
precious	貴重で得難いこと
important	影響力があり大切なこと
valuable	有用性から見て貴重なこと

まとめてCheck!	派生語をPlus！ － specific
specifically	副（特に）
specification	名（詳述）

☑ 1198	**stable** スティブル / stéibəl /	形 **安定した** 派 名 **stability**（安定） 例 a **stable** supply of vegetables （野菜の安定的な供給）
☑ 1199	**steep** スティープ / stiːp /	形 （増減が）**急激な** 派 名 **steeple**（(教会などの)尖塔(せんとう)） 例 a **steep** rise in sugar prices （砂糖の価格の急騰）
☑ 1200	**subtle** サトゥル / sʌ́tl /　　●発音	形 **微妙な** 派 名 **subtlety**（微妙） 例 recognize the **subtle** differences between the two （2者間の微妙な違いが分かる）
☑ 1201	**terrific** テリフィク / tərífik /	形 **素晴らしい** 例 That's **terrific**.（それは素晴らしい。）
☑ 1202	**accurately** アキュレトゥリィ / ǽkjərətli /	副 **正確に** 派 形 **accurate**（正確な） 例 measure time **accurately** （正確に時間を測る）
☑ 1203	**afterward(s)** アフタワド(ズ) / ǽftəˈwəˈd(z) /	副 **後で, その後** 例 discuss a matter **afterward** （ある事柄について後で話し合う）
☑ 1204	**altogether** オールトゥゲザァ / ɔ̀ːltəgéðəˈ /	副 **全部で** 例 possess twenty pairs of shoes **altogether** （全部で20足の靴を持っている）
☑ 1205	**apparently** アパレントゥリィ / əpǽrəntli /	副 **聞くところによると[見たところ]～らしい** 派 形 **apparent**（(真偽はともかく)見たところの） 例 **Apparently**, he was not at the party. （どうやら彼はパーティーにはいなかったらしい。）
☑ 1206	**beforehand** ビフォーハンド / bifɔ́ːˈhænd /	副 **あらかじめ** 例 make arrangements **beforehand** （前もって準備しておく）

形容詞・副詞など

☑ 1207 **besides**

ビサイヅ
/ bɪsáɪdz /

副 その上

例 I don't like her movies. **Besides**, I'm already sleepy.
（彼女の映画は好きじゃない。それに、もう眠いし。）

☑ 1208 **briefly**

ブリーフリィ
/ bríːfli /

副 少しの間

派 形 **brief**（短時間の）
例 exist only **briefly**（ほんの短期間のみ存在する）

☑ 1209 **brightly**

ブライトゥリィ
/ bráɪtli /

副 鮮やかに、明るく

派 形 **bright**（鮮やかな）
例 a **brightly** colored shirt（鮮やかな色のシャツ）

☑ 1210 **enormously**

イノーマスリィ
/ ɪnɔ́ːrməsli /

副 大いに、非常に

派 形 **enormous**（莫大（ばくだい）な）
例 increase **enormously**（大いに増加する）

☑ 1211 **heavily**

ヘヴィリィ
/ hévɪli /

副 （雨などが）激しく

派 形 **heavy**（（雨などが）激しい）
例 It rained **heavily**.（雨が激しく降った。）

☑ 1212 **honestly**

アネストゥリィ
/ ɑ́ːnəstli /

副 正直なところ

派 形 **honest**（正直な）
例 **Honestly**, I don't like her.
（正直言って、私は彼女を好きではない。）

☑ 1213 **initially**

イニシャリィ
/ ɪníʃəli /

副 初めは

派 形 **initial**（初めの）
例 His idea was **initially** thought good.
（最初、彼のアイデアは良いと考えられていた。）

☑ 1214 **instantly**

インスタントゥリィ
/ ínstantli /

副 すぐに

派 形 **instant**（即時の）
例 fall in love with a person **instantly**
（たちまち人と恋に落ちる）

まとめてCheck!	反意語をCheck!
stable	⇔ **unstable**（不安定な）
accurately	⇔ **inaccurately**（不正確に）
brightly	⇔ **darkly**（黒ずんで、暗く）

☑ 1215	**legally** リーガリィ / líːɡəli /	副 法的に, 法律上 派 形 **legal**（法律の） 例 be **legally** right（法的に正しい）
☑ 1216	**literally** リテレリィ / lítərəli /	副 文字通り（に） 派 形 **literal**（文字通りの） 例 take a person's words **literally** （人の言うことを文字通りに受け取る）
☑ 1217	**neatly** ニートゥリィ / níːtli /	副 きちんと 派 形 **neat**（きちんとした） 例 arrange books **neatly**（本をきちんと並べる）
☑ 1218	**officially** オフィシャリィ / əfíʃəli /	副 公式に 派 形 **official**（公式の） 例 **officially** belong to a person （正式に人が所有している）
☑ 1219	**permanently** パ〜マネントゥリィ / pə́ːʳmənəntli /	副 永久に 派 形 **permanent**（永久的な） 例 last **permanently**（永久に続く）
☑ 1220	**repeatedly** リピーティドゥリィ / rɪpíːtɪdli /	副 何度も 派 動 **repeat**（を繰り返す） 例 use a bottle **repeatedly** （瓶を繰り返し何度も使う）
☑ 1221	**seldom** セルダム / séldəm /	副 めったに〜ない 例 He **seldom** reads newspapers. （彼はめったに新聞を読まない。）
☑ 1222	**seriously** スィアリアスリィ / síəriəsli /	副 深刻に 派 形 **serious**（深刻な） 例 be **seriously** injured（重傷を負っている）
☑ 1223	**severely** スィヴィアリィ / sɪvíəʳli /	副 厳しく 派 形 **severe**（厳しい） 例 be punished **severely**（厳しく罰せられる）

☑ 1224	**silently** サイレントゥリィ / sáiləntli /	副 黙って, 静かに 派 形 **silent** (黙っている) 例 read **silently** (黙読する)

☑ 1225	**strangely** ストゥレインヂリィ / stréindʒli /	副 奇妙に 派 形 **strange** (奇妙な) 例 a **strangely** shaped stone (奇妙な形をした石)

☑ 1226	**surely** シュアリィ / ʃʊ́ə'li /	副 確かに 派 形 **sure** (確信して) 例 **Surely** it's never too late to learn. (確かに学ぶのに遅過ぎるということはない。)

☑ 1227	**concerning** コンサ～ニング / kənsə́ː'nɪŋ /	前 ～に関する 派 動 **concern** (に関係する) 例 news **concerning** a train accident (鉄道事故についてのニュース)

☑ 1228	**once** ワンス / wʌns /	接 いったん～すると 例 **Once** you start eating it, you'll never stop. (ひとたびそれを食べ始めたら, 決して止まりませんよ。)

☑ 1229	**whether** フウェザァ / hwéðə' /	接 ～かどうか 例 I asked her **whether** she would go to the party or not. (私は彼女にパーティーに行くかどうか尋ねた。)

形容詞・副詞など

まとめてCheck!	派生語をPlus! - literally
literacy	名 (読み書き能力)
literate	形 (読み書きができる)
literature	名 (文学)
literary	形 (文学の)

まとめてCheck!	派生語をPlus! - repeatedly
repeated	形 (繰り返して行われる)
repetition	名 (繰り返すこと)

まとめてCheck!	意味をPlus! - once
副 一度	**once** every three months (3カ月に1度)
副 かつて	I **once** worked for that computer company. (かつてそのコンピューター会社で働いていたことがある。)

この章の学習記録を付ける

覚えたことを定着させるには,「繰り返し復習すること」が大切です。
この章の学習を一通り終えたら, 下の学習記録シートに日付を書き
込み, 履歴を残しましょう。

1	2	3	4	5	6	7	8	9	10
/	/	/	/	/	/	/	/	/	/
11	12	13	14	15	16	17	18	19	20
/	/	/	/	/	/	/	/	/	/
21	22	23	24	25	26	27	28	29	30
/	/	/	/	/	/	/	/	/	/
31	32	33	34	35	36	37	38	39	40
/	/	/	/	/	/	/	/	/	/
41	42	43	44	45	46	47	48	49	50
/	/	/	/	/	/	/	/	/	/

MEMO

熟語編

必ずおさえておくべき

動詞句

この章では英検 2 級に出る熟語のうち，動詞を中心に構成される動詞句を紹介します。英検の過去問データベースから最頻出のものをセレクトし，暗記効率を考えた上で〈動詞＋前置詞・副詞〉などの「型」ごとにまとめて配列しています。熟語をそのまま問う問題のみならず，読解・英作文にも役立つ表現ばかりです。確実に覚えて，使いこなせるようにしましょう。

RANK

必ずおさえておくべき動詞句

〈動詞＋副詞［前置詞］〉型の動詞句

☑ 1230 **account for ～** ～を説明する

例 That **accounts for** their divorce.
（それが彼らの離婚の原因だ。）

☑ 1231 **adapt to ～** ～に順応する

例 The boy **adapted** quickly **to** the new surroundings.
（少年は新しい環境にすぐに慣れた。）

☑ 1232 **adjust to ～** ～に（機能調節などをして）順応する

例 I haven't yet **adjusted to** the frigid climate.
（私は極寒の気候にまだ順応していない。）

☑ 1233 **agree on ～** ～に意見がまとまる

例 They **agreed on** a cost-cutting plan. （彼らはコスト削減案に合意した。）

☑ 1234 **agree with ～** ～と意見が一致する

例 Do you completely **agree with** her opinion?
（あなたは彼女の意見と完全に同じですか。）

□ 1235

amount to ～

～に達する

例 It **amounts to** about 30 percent of the vote.
（それは得票総数のおよそ 30 パーセントに達する。）

□ 1236

apologize for ～

～のことで謝る

例 Tom **apologized for** his mistake. （トムは自分のミスを謝った。）

熟語編

RANK

動詞句

□ 1237

apply for ～

～に申し込む

例 She is going to **apply for** a scholarship. （彼女は奨学金に申し込むつもりだ。）

□ 1238

benefit from ～

～で得をする

例 A lot of people **benefit from** reading books.
（多くの人が本を読むことによって恩恵を受けている。）

□ 1239

break down

故障する

例 My car suddenly **broke down**. （車が突然故障した。）

□ 1240

break into ～

～に侵入する

例 Burglars **broke into** the bank last night. （昨晩銀行に強盗が押し入った。）

☑ 1241

break out

抜け出す

例 A baby shrimp **broke out** of its egg.（赤ちゃんエビが卵から抜け出した。）

☑ 1242

break up

（関係などが）終わる

例 She **broke up** with her boyfriend a month ago.（彼女は1カ月前に彼氏と別れた。）

☑ 1243

bring about

〜を引き起こす

例 Their actions **brought about** a serious problem.
（彼らの行為は深刻な問題を引き起こした。）

☑ 1244

bring back

〜を思い出させる

例 The pictures **bring back** a lot of memories of my happy childhood.
（それらの写真は私の幸福な子ども時代をたくさん思い出させる。）

☑ 1245

bring down

〜を下げる

例 You should **bring** your blood sugar level **down**.
（血糖値を下げるようにしなさい。）

☑ 1246

bring in

〜を動員する

例 We have to think of ways to **bring in** a larger audience.
（より多くの観客を動員する方法を考えなければならない。）

1247 bring up　　　　〜を育てる

例 Our mother **brought** us **up** by herself. （母は私たちを一人で育ててくれた。）

1248 burst into 〜　　　　〜を突然始める

例 The girl was so moved that she **burst into** tears.
（その少女はとても感動して突然泣き出した。）

1249 call for 〜　　　　〜を声を上げて求める

例 She **called for** help immediately. （彼女はとっさに助けを求めた。）

熟語編

RANK

動詞句

1250 call in　　　　ちょっと訪問する

例 Sam **called in** on his grandmother yesterday.
（サムは昨日祖母の家に立ち寄った。）

1251 call off　　　　〜を中止する

例 The athletic meet was **called off** on account of rain.
（運動会は雨のため中止になった。）

まとめてCheck!　同意語・同意表現をCheck!

bring about（〜を引き起こす）＝cause
bring up（〜を育てる）＝raise
call in（ちょっと訪問する）＝drop in

☑ 1252

call out　　　　　〜を大声で叫ぶ

例 He **called out** her name. （彼は大声で彼女の名前を叫んだ。）

☑ 1253

care about 〜　　　　〜を気遣う

例 My brother **cares** a lot **about** his hairstyle. （弟は髪型にとても気を遣っている。）

☑ 1254

care for 〜　　　　　〜の世話をする

例 He had to **care for** his sick daughter.
（彼は病気の娘の世話をしなければならなかった。）

☑ 1255

carry on　　　　　続ける

例 I **carried on** with my reading. （私は読書を続けた。）

☑ 1256

carry out　　　　　〜を遂行する

例 They **carried out** the final check. （彼らは最終チェックを行った。）

☑ 1257

check in　　　　　宿泊[搭乗]手続きをする、チェックインする

例 She **checked in** at the front desk. （彼女はフロントでチェックインした。）

☑ 1258 **check out** ～を借りる, チェックアウトする

例 You can **check out** five books at a time here.
（ここでは一度に5冊の本を借りることができます。）

☑ 1259 **come across ～** ～に偶然会う

例 I **came across** Pat by chance yesterday. （昨日, 私は偶然パットに会った。）

☑ 1260 **come by ～** ～を手に入れる

例 Tickets to the play are hard to **come by**.
（その芝居のチケットはなかなか手に入らない。）

☑ 1261 **come out** （～番の）成績を取る

例 She **came out** on top on the science test.（彼女は科学のテストで1番を取った。）

☑ 1262 **come up with ～** ～を思い付く

例 We **came up with** a solution to the problem.
（私たちはその問題の解決策を思い付いた。）

熟語編

RANK

動詞句

その他の熟語

まとめてCheck!	動詞句をPlus！－ carry＋副詞[前置詞]		
carry about[around]	（～を持ち歩く）	carry in	（～を運び込む）
carry away	（～を運び去る）	carry A into B	（AをBに移す）
carry ～ back	（～に思い出させる）	carry off	（～を勝ち取る）

☑ 1263
complain about ～　　　～について不満を言う

例 He is **complaining about** his tight schedule.
（彼は予定がぎっしりでぶつぶつと文句を言っている。）

☑ 1264
consist of ～　　　～から成り立つ

例 The group **consists of** 12 people. （そのグループは 12 人で成り立っている。）

☑ 1265
contribute to ～　　　～の一因となる, ～の一助となる

例 This is an attempt to **contribute to** a reduction in CO_2 emissions.
（これは CO_2 排出の減少に貢献する試みだ。）

☑ 1266
cope with ～　　　～をうまく処理する

例 It is difficult to **cope with** stress. （ストレスにうまく対処するのは難しい。）

☑ 1267
count on[upon] ～　　　～を頼りにする

例 We're **counting on** him. （私たちは彼を頼りにしている。）

☑ 1268
cross out　　　～を線を引いて消す

例 I **crossed out** my old phone number. （私は線を引いて古い電話番号を消した。）

熟語編

RANK

動詞句

☑ 1269
cut down on ～　　　　　～を削減する

例 They had to **cut down on** expenses.（彼らは経費を削減しなければならなかった。）

☑ 1270
cut off　　　　　～を孤立させる

例 The area was **cut off** by heavy rain.（その地域は大雨で孤立した。）

☑ 1271
deal with ～　　　　　～を処理する

例 They discussed how to **deal with** garbage.
（彼らはごみの処理方法について話し合った。）

☑ 1272
depend on ～　　　　　～次第である

例 Whether the athletic meet will be held **depends on** the weather.
（運動会が開催されるかどうかは天候次第だ。）

☑ 1273
die out　　　　　絶滅する

例 That rare species of bird could **die out** in the near future.
（その希少種の鳥は近い将来絶滅するかもしれない。）

☑ 1274
disagree about[on, over] ～　　　　　～について意見が合わない

例 He **disagreed about** everything with her.
（彼は彼女とことごとく意見が合わなかった。）

☑ 1275

do away with ~

(制度・規則など)を廃止する

例 The government should **do away with** the tax on people with limited incomes. (政府は低収入の人々への税を廃止するべきだ。)

☑ 1276

do without ~

~なしで済ます

例 I had to **do without** a shower for a few days.
(数日間，シャワーなしで済まさなければならなかった。)

☑ 1277

drop by

ひょいと立ち寄る

例 **Drop by** sometime, please. (どうぞそのうちまたお立ち寄りください。)

☑ 1278

drop in

ちょっと立ち寄る

例 She **dropped in** on him on the way back from shopping.
(彼女は買い物帰りにひょっこり彼を訪ねた。)

☑ 1279

drop out

退学する

例 He **dropped out** of high school. (彼は高校を退学した。)

☑ 1280

eat out

外食する

例 They **eat out** on weekends. (彼らは毎週末外食する。)

☑ 1281 **end up**　　　　最後は(〜の状態に)なる

例 The discussion **ended up** in a fight. (討論は最後には殴り合いとなった。)

☑ 1282 **fall on[upon]〜**　　　〜の肩に掛かってくる

例 The responsibility for the accident **fell on** me.
(その事故の責任が私の肩に掛かってきた。)

☑ 1283 **figure out**　　　　〜を理解する

例 I cannot **figure** her **out**. (彼女が何を考えているのか分からない。)

☑ 1284 **fill out**　　　　〜に必要事項を記入する

例 Please **fill out** this form. (この申込用紙に必要事項を記入してください。)

☑ 1285 **find out**　　　　〜を探り出す

例 We wanted to **find out** what her problem was.
(私たちは彼女の問題が何なのかを知りたかった。)

☑ 1286 **fit in with〜**　　　〜とうまくやっていく

例 She didn't **fit in with** the other kids at school.
(彼女は学校で他の子どもたちとなじまなかった。)

187

☑ 1287

focus on ～　　　　　～に集中する

例 He **focused on** his studies. (彼は勉学に集中した。)

☑ 1288

get along　　　　　仲良くやっていく

例 I hope to **get along** with my classmates. (同級生と仲良くやっていきたい。)

☑ 1289

get in　　　　　（中へ）入る

例 They waited for a long time to **get in**. (彼らは中へ入るのに長い時間待った。)

☑ 1290

get over ～　　　　　～を克服する

例 She **got over** her difficulties. (彼女は困難を克服した。)

☑ 1291

give in　　　　　～を手渡す

例 Have you **given in** your homework yet? (もう宿題を提出しましたか。)

☑ 1292

go ahead　　　　　どうぞ

例 If you really want to try it, **go ahead**. (本当にそれに挑戦したいのなら，どうぞ。)

効率的に単語を覚えたい！

『英検ランク順』シリーズ

シリーズ累計400万部を突破。英検に出る単語を頻出順に並べた単語帳です。無料アプリとダウンロード音声付きで、スムーズに学習できます。

5級 4級 3級 準2級 2級 準1級　本体価格：950〜1,600円 (+税)

シリーズ累計売上
400万部※

※1989年からのランク順
シリーズ累計発行部数

最短で合格したい！

『予想問題集　英検をたった7日で総演習』シリーズ

英検によく出る問題を精選した短期完成の問題集です。受験日が目前に迫り、効率よくなるべく早く力をつけたいという人におすすめです。CD付き。

5級 4級 3級 準2級 2級 準1級　本体価格：940〜1,600円 (+税)

いつでもどこでも学習したい！

『英検ポケット問題新書』シリーズ

1冊で全パートの対策ができる、新書サイズの対策本です。合格のための攻略法が凝縮された「スピード攻略マニュアル」、必要最小限の予想問題が厳選収録された「ミニマム実戦ドリル」の2種類があります。

準2級 2級 準1級　本体価格：1,000〜1,100円 (+税)

『寝る前5分暗記ブック』シリーズ

合格のために必要なポイントを、ゴロ合わせやイラストで楽しく暗記できる文庫サイズの参考書です。1項目の学習にかかる時間はたったの5分。毎日勉強する習慣をつけることができます。

5級 4級 3級 準2級　本体価格：980円 (+税)

フレーズとイラストでやさしく学習したい！

『小学生のためのはじめての英検』シリーズ

最新の過去問分析で、合格に必要なフレーズを厳選収録した対策本です。難しい文法用語を使わず、豊富なイラストでわかりやすく解説しているため、小学生のはじめての英検受験に最適です。CD付き。

5級 4級 3級　本体価格：1,100〜1,200円 (+税)

9300000670

1293 go along with ～　　　～を支持する

例 I'll do my best to **go along with** her wishes.
（彼女の希望に沿うよう最善を尽くします。）

1294 go into ～　　　～に入る, ～を詳しく調べる

例 Mary **went into** her room to change. （メアリーは着替えるために自室に入った。）

熟語編

RANK

動詞句

1295 go off　　　出掛ける,（警報などが）鳴る

例 He is going to **go off** to his parents' house during vacation.
（彼は休暇中, 両親の家に行く予定だ。）

1296 go over　　　～を見返す, ～を調べる,（近い所へ）行く

例 I'm going to **go over** my notes again tonight.
（私は今夜もう一度ノートを読み返すつもりだ。）

1297 go through ～　　　～を経験する

例 Our marriage **went through** difficult times.
（私たちは結婚してから困難な時代を経験した。）

1298 go with ～　　　～と合う, ～と一緒に行く

例 That blue tie doesn't **go with** your suit.
（あの青いネクタイはあなたのスーツに合いません。）

☑ 1299 hand in ～を提出する

例 He forgot to **hand in** his report yesterday. (彼は昨日リポートを提出し忘れた。)

☑ 1300 hand out ～を配る

例 They **handed out** leaflets to the passersby. (彼らは通行人にちらしを配った。)

☑ 1301 hang on しがみつく

例 You shouldn't **hang on** to the old way of thinking.
(古い考え方に執着すべきではない。)

☑ 1302 hang up 電話を切る

例 Jack said good night to her and **hung up**.
(ジャックは彼女におやすみと言って電話を切った。)

☑ 1303 head for ～ ～に向かって真っすぐ進む

例 He held the surfboard under his arm and **headed for** the blue ocean.
(サーフボードを小脇に抱え，彼は青い海へと向かっていった。)

☑ 1304 hit on ～ ～を思い付く

例 I **hit on** a great idea then. (その時私は素晴らしいアイデアを思い付いた。)

☑ 1305

hold on

(命令文で)待て

例 **Hold on** a minute! (ちょっと待って！)

☑ 1306

hold up

持ちこたえる

例 This tent will **hold up** even in stormy weather. (このテントは荒天にも耐える。)

☑ 1307

insist on ～

～を言い張る

例 She **insisted on** doing it by herself. (彼女は一人でそれをやると言い張った。)

☑ 1308

keep off

～を控える

例 My father should **keep off** the smoking. (父は喫煙を控えるべきだ。)

☑ 1309

keep up

～を維持する

例 They are **keeping up** a good relationship with their neighbors.
(彼らは近所の人々と良好な関係を維持している。)

☑ 1310

keep up with ～

(遅れずに)～に付いていく

例 I can hardly **keep up with** the progress of science.
(私は科学の進歩にほとんど付いていけない。)

熟語編

RANK

動詞句

☑
1311

lay off

～を一時解雇する

例 He was **laid off** last week.（彼は先週解雇された。）

☑
1312

lead to ～

～につながる

例 The new policy will **lead to** a reduction in global warming.
（新しい政策は地球温暖化の減少につながるだろう。）

☑
1313

leave for ～

～に出発する

例 I'm **leaving for** work now.（これから仕事に出掛けるところだ。）

☑
1314

live on ～

（少ない金）で生活する

例 It was difficult for us to **live on** such a small amount of money.
（そのような少額のお金で生活するのは私たちには難しかった。）

☑
1315

look away

目をそらす

例 Don't **look away** from reality.（現実から目をそらすな。）

☑
1316

look down on ～

～を見下す

例 She **looked down on** him.（彼女は彼を見下していた。）

☑ 1317 look forward to ～　　　　　～を楽しみに待つ

例 People are **looking forward to** the Christmas season.
（人々はクリスマスシーズンを心待ちにしている。）

☑ 1318 look into ～　　　　　～を調査する

例 The police **looked into** the accident carefully.
（警察はその事故を慎重に調査した。）

☑ 1319 look out for ～　　　　　～に気を付ける

例 **Look out for** cars when you cross the street.
（道路を渡るときは車に気を付けなさい。）

☑ 1320 look over　　　　　～にざっと目を通す

例 Would you **look over** the list?（そのリストにざっと目を通していただけませんか。）

☑ 1321 look through　　　　　～に目を通す

例 She **looked through** the newspaper hurriedly.
（彼女は新聞に慌ただしく目を通した。）

☑ 1322 look up　　　　　～を調べる

例 He **looked up** some words in the dictionary.（彼はいくつかの語を辞書で調べた。）

熟語編

RANK

動詞句

☑ 1323
look up to ~　　　　〜を尊敬する

例 I **look up to** my parents.（私は両親を尊敬している。）

☑ 1324
major in ~　　　　〜を専攻する

例 Her brother is **majoring in** nursing science.（彼女の弟は看護学を専攻している。）

☑ 1325
make for ~　　　　〜に役立つ

例 Smiles **make for** smooth communication.
（笑顔は円滑なコミュニケーションに役立つ。）

☑ 1326
make out　　　　〜を理解する

例 We couldn't **make out** what she was thinking about.
（私たちは彼女が何を考えているのか理解できなかった。）

☑ 1327
make up　　　　〜を構成する

例 A lot of twigs **make up** the bird's nest.
（その鳥の巣はたくさんの小枝でできている。）

☑ 1328
make up for ~　　　　〜を補う

例 His wealth of knowledge is enough to **make up for** his lack of experience.
（彼の豊富な知識は経験不足を補うのに十分だ。）

☑ 1329 move on to ～　　　　(次の段階など)に移る

例 Check the document once more before you **move on to** the next one.
（次へ進む前にもう一度その書類をチェックしなさい。）

☑ 1330 occur to ～　　　　～にふと浮かぶ

例 A bad idea **occurred to** me then. （その時，邪悪な考えがふと浮かんだ。）

熟語編

RANK

動詞句

☑ 1331 participate in ～　　　　～に参加する

例 Everybody can **participate in** the activities.
（誰でもその活動に参加することができる。）

☑ 1332 pass away　　　　死ぬ

例 My grandfather **passed away** two years ago. （祖父は 2 年前に亡くなった。）

☑ 1333 pass on　　　　～を伝える

例 I'll **pass on** your message to her. （あなたからの伝言は彼女に伝えておきます。）

まとめてCheck!	同意語・同意表現をCheck!

make out（～を理解する）＝understand
make up for ～（～を補う）＝compensate for ～
pass away（死ぬ）＝die

195

☑ 1334

pay back　　　　　　　　～に借りた金を返す

例 I hope she **pays** me **back** as soon as possible.
（彼女がなるべく早く私にお金を返してくれることを願っています。）

☑ 1335

pick out　　　　　　　　～を選び出す

例 She **picked out** her favorite photos from the album.
（彼女はアルバムからお気に入りの写真を選び出した。）

☑ 1336

point out　　　　　　　　～を指摘する

例 The service engineer **pointed out** some flaws in the machine.
（修理工は機械の欠陥を指摘した。）

☑ 1337

pull together　　　　　　　協力する

例 We must **pull together** to finish the work.
（仕事を終わらせるために私たちは協力しなければならない。）

☑ 1338

put aside　　　　　　　　～を脇に置く

例 He **put aside** the magazine and turned toward me.
（彼は雑誌を脇へ置き，私の方を向いた。）

☑ 1339

put forward　　　　　　　（案など）を出す

例 Fred sometimes **puts forward** new ideas.
（フレッドは時々斬新なアイデアを出してくれる。）

☑ 1340

put out

(火など)を消す

例 Be sure you **put out** the light when leaving the room.
(部屋を出るときは必ず明かりを消しなさい。)

☑ 1341

put together

～を組み立てる

例 We **put together** a strategic plan for economic development.
(私たちは経済発展のための戦略的な計画を立てた。)

熟語編

RANK

動詞句

☑ 1342

put up with ～

～を我慢する

例 I can't **put up with** the pain in my back. (背中の痛みを我慢することができない。)

☑ 1343

recover from ～

～から回復する

例 Have you **recovered from** jet lag yet? (もう時差ぼけは治りましたか。)

☑ 1344

refer to ～

～を参照する

例 **Refer to** the end of the book, please. (本の巻末をご参照ください。)

☑ 1345

refrain from ～

～を差し控える

例 You should **refrain from** eating fatty foods. (脂っこい食べ物は控えた方が良い。)

☑ 1346
register for ～
～に登録する

例 She **registered for** the history course. (彼女は歴史講座に登録した。)

☑ 1347
rely on ～
～に頼る

例 We **rely on** cars for transportation to and from the station.
(私たちは駅への行き帰りの足を車に頼っている。)

☑ 1348
respond to ～
～に答える

例 They have to **respond to** customer complaints every day.
(彼らは毎日顧客からの苦情に対応しなければならない。)

☑ 1349
result from ～
～から結果として生じる

例 The profits **result from** the sales of the new product.
(その利益は新製品の売り上げによるものだ。)

☑ 1350
result in ～
～という結果になる

例 Our efforts **resulted in** failure. (われわれの努力は失敗に終わった。)

☑ 1351
run into ～
～に偶然出会う

例 I **ran into** Jane on the street yesterday. (昨日，通りで偶然ジェーンに会った。)

☑ 1352 run out of ～ ～を使い果たす

例 Have you already **run out of** money?
（もうお金を使い果たしてしまったのですか。）

☑ 1353 run over ～をひく

例 The frog was nearly **run over** by a car.
（そのカエルはもう少しで車にひかれそうだった。）

☑ 1354 search for ～ ～を捜す

例 She **searched for** her contact lens in the dark.
（彼女は暗がりの中でコンタクトレンズを捜した。）

☑ 1355 send off ～を送り出す

例 He was **sent off** to a boarding school.（彼は寄宿学校へ送られた。）

☑ 1356 send out ～を大量に送る

例 They **sent out** the monthly reports by e-mail.
（彼らは E メールであちこちに月間報告書を送信した。）

☑ 1357 set off 出発する

例 We **set off** for France.（私たちはフランスへ出発した。）

☑ 1358

set up　　　　　　　　　　～を設立する

例 They **set up** a general hospital. （彼らは総合病院を設立した。）

☑ 1359

settle down　　　　　　　　落ち着く

例 She told me to **settle down**. （彼女は私に落ち着くようにと言った。）

☑ 1360

show up　　　　　　　　　　現れる

例 Did he **show up** for the party last night? （昨晩彼はパーティーに現れましたか。）

☑ 1361

sign up for ～　　　　　　　～に参加の登録をする

例 I **signed up for** tennis lessons.
（私はテニスのレッスンを受ける登録をした。）

☑ 1362

sit up　　　　　　　　　　　寝ないで起きている

例 Jane always **sits up** late at night. （ジェーンはいつも夜更かしだ。）

☑ 1363

speak up　　　　　　　　　　大きな声で話す

例 Can you **speak up** a little bit? （もう少し大きな声で話してくれますか。）

☑ 1364　specialize in ～　　　　　～を専門に扱う

例 The dentist **specializes in** treating small children.
（その歯医者は小さい子どもを専門に扱っている。）

☑ 1365　stand by ～　　　　　～を支持する

例 Will you **stand by** him if he is accused?
（彼が告訴されたら，あなたは彼を支持しますか。）

☑ 1366　stand for ～　　　　　～を表す

例 What does BA **stand for**?（BA とは何の略ですか。）

☑ 1367　stand out　　　　　目立つ

例 The red dress made her beauty **stand out**.
（赤いドレスによって彼女の美しさは際立った。）

☑ 1368　stare at ～　　　　　～をじっと見つめる

例 The boy **stared at** me for a long time.（少年は長い間私をじっと見つめた。）

☑ 1369　stay out　　　　　家に帰らない

例 Their son sometimes **stays out** until midnight.
（彼らの息子は時々深夜まで家に帰らない。）

熟語編

RANK

動詞句

☑ 1370

stick to 〜 　　　　〜にくっつく

例 Dead leaves **stuck to** my sweater. （枯葉がセーターにくっついた。）

☑ 1371

stop by 〜 　　　　〜に立ち寄る

例 I **stopped by** the kiosk at the station. （駅で売店に立ち寄った。）

☑ 1372

suffer from 〜 　　　　〜に苦しむ

例 She is now **suffering from** stress. （彼女は現在ストレスに苦しんでいる。）

☑ 1373

take after 〜 　　　　〜に似ている

例 My daughter really **takes after** me. （娘は私にそっくりだ。）

☑ 1374

take away 　　　　〜を連れ去る

例 They were **taken away** from their town. （彼らは町から連れ去られた。）

☑ 1375

take back 　　　　〜を返品する

例 He **took** the shoes **back** to the store. （彼はその靴を店に返品した。）

☑ 1376　take down　　　　〜を解体する

例 We started to **take down** the storage shed. （私たちは貯蔵庫を解体し始めた。）

☑ 1377　take in　　　　〜を引き取る

例 She **took** the abandoned dog **in** and raised it.
（彼女はその捨て犬を引き取って育てた。）

熟語編

RANK

動詞句

☑ 1378　take off　　　　離陸する

例 The plane **took off** on time. （飛行機は定刻通りに離陸した。）

☑ 1379　take on　　　　〜を乗せる

例 The taxi stopped to **take on** a passenger.
（タクシーは乗客を乗せるために停車した。）

☑ 1380　take out　　　　〜を（食事などに）連れ出す

例 My father promised to **take** us **out** to dinner.
（父は私たちを夕食に連れて行くと約束した。）

☑ 1381　take over　　　　〜を引き継ぐ

例 Will you **take over** the family business? （あなたは家業を継ぐのですか。）

☑ 1382

take up

（場所・時間など）を占める

例 My housework **takes up** a lot of my time.（家事は私の時間の多くを占めている。）

☑ 1383

throw away

〜を捨てる

例 He **threw away** his old gloves.（彼は古い手袋を捨てた。）

☑ 1384

try on

〜を着てみる

例 Would you like to **try** it **on**?（ご試着なさいますか。）

☑ 1385

try out

〜を試しに使ってみる

例 I **tried out** new shoes.（新しい靴を試しに履いてみた。）

☑ 1386

turn away

顔を背ける

例 We **turned away** from each other.（私たちは互いに顔を背けた。）

☑ 1387

turn down

（申し出など）を断る

例 She **turned down** the invitation to the concert.
（彼女はコンサートへの誘いを断った。）

☑ 1388 turn in　　　　　　　　〜を提出する

例 Dick **turned in** his report late.（ディックはリポートを遅れて提出した。）

☑ 1389 turn off　　　　　　　　（電気など）を消す

例 You had better be sure to **turn off** the lights.（確実に電気を消しなさい。）

☑ 1390 turn on　　　　　　　　（電気など）をつける

例 She entered the room and **turned on** the air conditioner.
（部屋に入ると彼女はエアコンをつけた。）

☑ 1391 turn out　　　　　　　　（〜であることが）分かる

例 The diamond **turned out** to be fake.
（そのダイヤモンドは偽物だということが分かった。）

☑ 1392 turn to[towards] 〜　　　〜へ向く

例 Suddenly she **turned to** him.（突然彼女は彼の方へ向いた。）

まとめてCheck!	動詞句をPlus！ー throw+副詞[前置詞]	
throw around[about]	（〜を振り回す）	**throw out**	（〜を投げ出す）
throw back	（〜を投げ返す）	**throw up**	（〜を吐く；〜を急に上げる）
throw off	（〜を脱ぎ捨てる）		

熟語編

RANK

動詞句

☑ 1393

turn up

現れる

例 He **turned up** precisely at nine. (彼は 9 時ちょうどに現れた。)

☑ 1394

use up

〜を使い果たす

例 She has **used up** all of her money. (彼女は有り金全てを使い果たしてしまった。)

☑ 1395

wait for 〜

〜を待つ

例 We **waited for** him to get home from work.
(私たちは彼が仕事から帰宅するのを待った。)

☑ 1396

watch (out) for 〜

〜に用心する

例 **Watch out for** bears! (熊にご用心！)

☑ 1397

work on 〜

〜に取り組む

例 I'm planning to **work on** a report this weekend.
(今度の週末にリポートに取り組むつもりだ。)

☑ 1398

work out

トレーニングをする

例 He **works out** at the fitness center twice a week.
(彼は週に 2 回フィットネスセンターでトレーニングをしている。)

RANK 必ずおさえておくべき動詞句

〈動詞+A+前置詞+B〉の動詞句

☑ 1399

regard A as B　　　AをBと評価する

例 Tokyo has been **regarded as** the world's safest capital for a while.
(東京は長く世界で最も安全な首都と評価されてきた。)

☑ 1400

aim A at B　　　AをBに向ける

例 Manufacturers in various industries are developing products **aimed at** children. (さまざまな業種のメーカーが子ども向けの商品を開発している。)

☑ 1401

name A after B　　　AにBにちなんで名を付ける

例 The boy was **named after** the hero of a film.
(男の子は映画の主人公にちなんで名前を付けられた。)

☑ 1402

assign A for B　　　AをBのために割り当てる

例 A week was **assigned for** remodeling the bathroom.
(浴室の改装に1週間かかった。)

まとめてCheck!	意味をPlus！−work out
うまくいく	The plan didn't **work out** in the end.(計画は最終的にうまくいかなかった。)
(方法など)を考え出す	They **worked out** a cost-effective method.(彼らは費用対効果の高い方法を考え出した。)
(問題など)を解く	She spent two hours **working out** the crossword puzzle.(彼女がそのクロスワードパズルを解くのに2時間かかった。)

熟語編

RANK

動詞句

その他の熟語

☑ 1403

blame A for B

BをAのせいにする

例 Libraries are sometimes **blamed for** declining book sales.
(時として書籍販売の低下は図書館のせいにされる。)

☑ 1404

charge A for B

BをAに請求する

例 Some banks **charge** customers **for** use of ATMs at night.
(いくつかの銀行は夜間の ATM 利用料を顧客に請求する。)

☑ 1405

compensate A for B

AにBを補償する

例 The company has to **compensate** the victims of the accident **for** their injuries. (その会社は事故の被害者にけがの賠償をしなければならない。)

☑ 1406

take A for B

AをBと間違う

例 The audience **took** the pianist **for** the conductor.
(聴衆はピアニストを指揮者と間違えた。)

☑ 1407

take A for granted

Aを当たり前のことと思う

例 Everyone **takes** education **for granted** in Japan today.
(今日の日本では誰もが教育を当たり前のことと思っている。)

☑ 1408

discourage A from *doing*

Aに～するのをやめさせる

例 The product's low quality **discourages** people **from** choosing it.
(低品質だと，人々はその製品を選ばなくなる。)

☑ 1409 **distinguish A from B**　　AをBと区別する

例 Influenza can be **distinguished from** normal colds by a sudden high fever.
（インフルエンザは急な高熱によって普通の風邪と見分けることができる。）

☑ 1410 **keep A from *doing***　　Aに〜させないようにする

例 The father **kept** his daughter **from** gett**ing** lost by holding her hand.
（父親は娘の手を握って彼女が迷子にならないようにした。）

☑ 1411 **prevent A from *doing***　　Aが〜するのを妨げる

例 The smell of rubber **prevents** ants **from** com**ing** into homes.
（ゴムの臭いはアリが家の中に入ってこないようにする。）

☑ 1412 **save A from B**　　AをBから救う

例 He **saved** the child **from** the fire.
（彼は火災からその子どもを救った。）

☑ 1413 **stop A from *doing***　　Aが〜するのをやめさせる

例 The owner **stopped** his dog **from** bark**ing** at the neighbor's dog.
（飼い主は自分の犬が隣の犬に向かってほえるのをやめさせた。）

☑ 1414 **tell A from B**　　AとBを見分ける

例 It's difficult to **tell** a cedar tree **from** a fir tree.
（スギの木とモミの木を見分けるのは難しい。）

熟語編

RANK

動詞句

☑ 1415
convert A into B
AをBに改造する

例 Paris succeeded in **converting** a station **into** a museum.
（パリは駅を美術館に改造することに成功した。）

☑ 1416
divide A into B
AをBに分ける

例 The land on the earth is traditionally **divided into** five continents.
（地球上の陸地は伝統的に5大陸に分けられる。）

☑ 1417
load A into B
AをBに積み込む

例 The burglars **loaded** all the money and jewelry **into** the car.
（強盗は金と宝石類を全て車に積み込んだ。）

☑ 1418
put A into B
AをBにつぎ込む

例 The government has already **put** a lot of money **into** the Olympics.
（政府はすでにオリンピックに多額の金をつぎ込んでいる。）

☑ 1419
put A into practice
Aを実行する

例 They **put** the plan **into practice**.（彼らはその計画を実行に移した。）

☑ 1420
translate A into B
AをBに翻訳する

例 The exam consisted of **translating** a French poem **into** Japanese.
（試験はフランス語の詩を日本語に翻訳するものだった。）

☑ 1421 turn A into B

AをBに変える

例 The field was **turned into** a beautiful garden. (野原は美しい庭園に変えられた。)

☑ 1422 accuse A of B

AをBの理由で非難する

例 A museum employee was **accused of** carelessness with the items.
(博物館の職員が収蔵品に対して不注意だと非難された。)

☑ 1423 inform A of B

AにBを知らせる

例 The wife **informed** her husband **of** her illness.
(妻は夫に自分の病気を知らせた。)

☑ 1424 remind A of B

AにBを思い出させる

例 The smell **reminded** the woman **of** the stew her mother used to make.
(その匂いは女性に母親がよく作っていたシチューを思い出させた。)

☑ 1425 concentrate A on B

AをBに集中する

例 The students **concentrated** their attention **on** the exam.
(学生たちは注意を試験に集中した。)

☑ 1426 charge A on B

AをBで支払う

例 The man **charged** an airline ticket **on** his credit card.
(男性は航空券をクレジットカードで支払った。)

熟語編

RANK

動詞句

☑ 1427
spend A on B
AをBに費やす

例 The girl **spent** a lot of money **on** clothes.（少女は洋服に多額の金を費やした。）

☑ 1428
put A through to B
AをBにつなぐ

例 The mother **put** the call **through to** her son.（母親は電話を息子につないだ。）

☑ 1429
add A to B
AをBに加える

例 **Add** sugar **to** the beaten eggs.（溶きほぐした卵に砂糖を加えなさい。）

☑ 1430
apply A to B
AをBに適用する

例 Traffic rules must be **applied to** bikes also.
（交通規則は自転車にも適用されなければならない。）

☑ 1431
attach A to B
AをBに付ける

例 Applicants need to **attach** a recent photograph **to** the application form.
（応募者は応募用紙に最近撮った写真を添付しけなければならない。）

☑ 1432
compare A to B
AをBと比べる

例 He **compared** the new edition of the book **to** the first one.
（彼はその本の新版を初版と比較した。）

☑ 1433

connect A to B　　AをBに接続する

例 The bicycle is **connected to** cables transporting the energy to a bulb.
（自転車はエネルギーを電球に送るケーブルに接続されている。）

☑ 1434

dedicate A to B　　AをBにささげる

例 The story was **dedicated to** the author's children.
（物語は作者の子どもたちにささげられた。）

☑ 1435

donate A to B　　AをBに寄付する

例 A million dollars was **donated to** an NPO for refugees by an American businessman.
（米国の実業家により難民のための NPO に 100 万ドルが寄付された。）

☑ 1436

owe A to B　　AはBのおかげである

例 The actor **owes** his success **to** the devotion of his wife.
（その俳優の成功は妻の献身のおかげだ。）

☑ 1437

show A to[into] B　　AをBに通す

例 The guests were **shown into** the dining room.（客人たちは食堂へと通された。）

☑ 1438

promote A to B　　AをBに昇進させる

例 Jane will be **promoted to** principal this autumn.
（ジェーンはこの秋には校長に昇進する。）

熟語編

RANK

動詞句

☑ 1439

treat A to B

AにBを奮発する

例 The father **treated** his daughter **to** a new watch.
（父親は娘に新しい腕時計を買ってやった。）

☑ 1440

combine A with B

AをBと組み合わせる

例 It is important to **combine** exercise **with** good eating habits.
（運動を良い食習慣と組み合わせることが重要だ。）

☑ 1441

connect A with B

AをBと関連付ける

例 There is evidence to **connect** the mayor **with** bribery.
（市長を賄賂と関連付ける証拠がある。）

☑ 1442

decorate A with B

AをBで飾る

例 The children **decorated** the hall **with** stars and ribbons.
（子どもたちは広間を星やリボンで飾り付けた。）

☑ 1443

equip A with B

AにBを身に付けさせる

例 He **equipped** his son **with** the skills needed to be a shoemaker.
（彼は息子に靴屋になるために必要な技術を身に付けさせた。）

☑ 1444

provide A with B

AにBを提供する

例 Japanese companies used to **provide** their employees **with** dormitories.
（かつて日本の会社は社員に寮を提供していた。）

必ずおさえておくべき重要熟語

準動詞を含む動詞句

☑ 1445

advise A to do　　Aに〜するよう助言する

例 The doctor **advised** his patient not **to** exercise when sick.
（医者は患者に具合の悪いときは運動しないように助言した。）

☑ 1446

agree to do　　〜することに同意する

例 The countries that were fighting **agreed to** put an end to the war.
（戦っている国々は戦争を終わらせることに同意した。）

☑ 1447

aim to do　　〜することを目指す

例 Teachers **aim to** improve children's ability.
（教師たちは子どもたちの能力を向上させることを目指す。）

☑ 1448

continue to do　　〜し続ける

例 They **continued to** have regular meetings for years.
（彼らは何年かの間定期的に打ち合わせを持ち続けた。）

☑ 1449

fail to do　　〜し損なう

例 The climber's party **failed to** reach the summit.
（登山家の一行は頂上に到達することができなかった。）

☑ 1450

feel free to *do*　　　　自由に〜する

例 Please **feel free to** serve yourself.（自分で自由に皿に取ってください。）

☑ 1451

get to *do*　　　　〜するようになる

例 The two **got to** know each other at a party.
（2 人はパーティーで知り合いになった。）

☑ 1452

go on to *do*　　　　続けて〜する

例 The official **went on to** become an advisor of an NPO after resigning.
（その役人は辞任後，続けて NPO の顧問になった。）

☑ 1453

hesitate to *do*　　　　〜するのをためらう

例 Don't **hesitate to** make an unpopular decision if it seems right.
（正しいと思われるなら，一般的でない決定をするのをためらってはいけない。）

☑ 1454

intend to *do*　　　　〜するつもりである

例 The student **intended to** get up at 5:00 a.m. to prepare for the exam.
（その学生は朝 5 時に起きて試験の勉強をするつもりだった。）

☑ 1455

manage to *do*　　　　何とか〜する

例 The high school teacher **managed to** persuade the student to go to college.
（その高校教師は何とか学生を説得して大学に行かせた。）

216

☑ 1456 prefer to *do*　　　　　　〜する方をより好む

例 Many parents **prefer to** speak with their children on Skype rather than over the phone. (多くの親が子どもたちと話すのに電話よりもスカイプの方を好む。)

☑ 1457 pretend to *do*　　　　　　〜するふりをする

例 The policeman **pretended** not **to** notice the bicycle thief.
(警察官は自転車泥棒に気が付かないふりをした。)

☑ 1458 refuse to *do*　　　　　　〜するのを拒む

例 The mother **refused to** buy her son a new bike.
(母親は息子に新しい自転車を買うのを拒んだ。)

☑ 1459 tend to *do*　　　　　　〜する傾向にある

例 People **tend to** spend less time preparing meals.
(人々は食事の支度に時間をかけなくなる傾向にある。)

☑ 1460 allow A to *do*　　　　　　Aが〜するのを可能にする

例 Computers **allow** physically challenged people **to** work at home.
(コンピューターは身体障害者が在宅で仕事をすることを可能にする。)

☑ 1461 beg A to *do*　　　　　　Aに〜してくれるよう懇願する

例 The man **begged** his brother **to** lend him five thousand dollars.
(男は兄に5千ドル貸してくれと懇願した。)

熟語編

RANK

動詞句

☑ 1462

cause A to *do*

Aが〜する原因となる

....

例 The illness **causes** patients **to** become dizzy often.
（その病気は患者が頻繁にめまいを起こす原因となる。）

☑ 1463

convince A to *do*

Aに〜するよう説得する

....

例 The civic group tried to **convince** the mayor **to** preserve the park.
（その市民団体はその公園を存続させるよう市長を説得しようとした。）

☑ 1464

enable A to *do*

Aが〜するのを可能にする

....

例 Lack of security **enabled** criminals **to** hack into the company's computer
network.（セキュリティー不足が犯罪者たちに会社のコンピューターネットワーク
への侵入を可能にした。）

☑ 1465

encourage A to *do*

Aを〜するように励ます

....

例 Doctors **encourage** diabetics **to** walk as exercise.
（医者は糖尿病患者に運動として歩くよう勧める。）

☑ 1466

force A to *do*

Aに〜するよう強制する

....

例 The president was **forced to** resign by the military.
（大統領は軍によって辞任を強制された。）

☑ 1467

get A to *do*

Aに〜させる

....

例 The boy couldn't **get** the printer **to** work.
（少年はプリンターを動かすことができなかった。）

☑ 1468
invite A to *do*
Aに〜するように依頼する

例 The principal **invited** a young athlete **to** teach exercise at his school.
（校長は若い運動選手に自分の学校で運動を教えてくれるように依頼した。）

☑ 1469
persuade A to *do*
Aを〜するように説得する

例 The wife **persuaded** her husband **to** come with her.
（妻は一緒に来るように夫を説得した。）

☑ 1470
urge A to *do*
Aに〜するよう強く求める

例 The workers **urged** their employer **to** raise their wages.
（労働者たちは雇い主に賃金を上げるよう強く求めた。）

☑ 1471
avoid *doing*
〜するのを避ける

例 Write down things to do to **avoid** forgett**ing** them.
（やるべき事を忘れないように書き出しなさい。）

☑ 1472
feel like *doing*
〜したい気分だ

例 Nobody at the party **felt like** danc**ing**.
（そのパーティーの参加者で踊りたい気分の人は誰もいなかった。）

☑ 1473
have trouble[difficulty] *doing*
苦労して〜する

例 The child **has difficulty** gett**ing** up in the morning.
（その子どもは朝起きるのに苦労している。）

熟語編

RANK

動詞句

RANK

必ずおさえておくべき動詞句

〈be動詞+形容詞+前置詞〉型の動詞句

☑ 1474

be absorbed in 〜　　〜に没頭している

例 The girl **was absorbed in** the music while lying down on the sofa.
（少女はソファに寝転がって音楽に没頭していた。）

☑ 1475

be accustomed to 〜　　〜に慣れている

例 Japanese people **are accustomed to** public baths.
（日本人は公衆浴場に慣れている。）

☑ 1476

be acquainted with 〜　　〜を知っている

例 The worker **is acquainted with** how to use this machine.
（その労働者はこの機械の使い方を知っている。）

☑ 1477

be anxious about 〜　　〜のことを心配している

例 The journalist **is anxious about** the safety of his co-worker.
（そのジャーナリストは同僚の無事を案じている。）

☑ 1478

be ashamed of 〜　　〜を恥ずかしく思っている

例 The woman **is ashamed of** what her son did.
（女性は息子のしたことを恥ずかしく思っている。）

☑ 1479

be associated with ～　　～に関連している

例 Headaches **are** often **associated with** overwork.
（頭痛はしばしば働き過ぎに関連している。）

☑ 1480

be aware of ～　　～を分かっている

例 Even adults **are** not fully **aware of** the dangers of the Internet.
（大人でさえインターネットの危険性を完全には分かっていない。）

☑ 1481

be based on ～　　～に基づいている

例 The article **is based on** information from authorities.
（記事は当局からの情報に基づいている。）

☑ 1482

be beneficial to ～　　～に有益な

例 Bicycles **are** more **beneficial to** the environment than motor vehicles.
（自転車は自動車よりも環境にとって有益だ。）

☑ 1483

be bored with ～　　～に飽きている

例 The factory worker **was bored with** his job. （その工員は仕事に飽きていた。）

☑ 1484

be bound for ～　　～へ向かう

例 This ship **is bound for** Greece. （この船はギリシャ行きだ。）

熟語編

RANK

動詞句

☑ 1485

be capable of ～　　　　～ができる

例 The suspect doesn't seem to **be capable of** murder.
（容疑者は殺人ができるようには見えない。）

☑ 1486

be cautious of ～　　　　～について慎重である

例 The widow **is** very **cautious of** investing.
（その未亡人は投資については非常に慎重だ。）

☑ 1487

be concerned about ～　　～について心配している

例 Environmental groups **are concerned about** acid rain.
（環境団体は酸性雨について心配している。）

☑ 1488

be confident of ～　　　　～を確信している

例 He **is confident of** his success.
（彼は自分の成功を確信している。）

☑ 1489

be conscious of ～　　　　～を気にしている

例 Young women **are** very **conscious of** their weight.
（若い女性たちは体重を非常に気にする。）

☑ 1490

be done with ～　　　　　～と関わるのをやめる

例 I'm **done with** those boys. （あの少年たちと関わるのはやめた。）

☑ 1491
be equipped with ～　　　～が装備されている

例 Her house **is equipped with** a small elevator.
（彼女の家には小型のエレベーターがある。）

☑ 1492
be familiar to ～　　　～になじみがある

例 The smell of the sea **is familiar to** most Japanese.
（ほとんどの日本人には海の匂いはなじみがある。）

☑ 1493
be familiar with ～　　　～に精通している

例 **Are** you **familiar with** computers?（コンピューターに詳しいですか。）

☑ 1494
be fed up with ～　　　～にうんざりしている

例 The woman **was fed up with** her husband's behavior.
（その女性は夫の振る舞いにうんざりしていた。）

☑ 1495
be impressed by ～　　　～に感銘を受ける

例 The student **was impressed by** Italy during his trip.
（その学生は旅行中イタリアに感銘を受けた。）

熟語

RANK

動詞句

まとめてCheck!　同意語・同意表現をCheck！

be cautious of ～（～について慎重である）**＝be careful of ～**
be concerned about ～（～について心配している）**＝be worried about ～**
be confident of ～（～を確信している）**＝be sure of ～**

223

☑ 1496

be ignorant of ～

～を知らない

例 He **was ignorant of** the local traditions. （彼は地元の伝統を知らなかった。）

☑ 1497

be indifferent to ～

～に無関心である

例 The girl **is** completely **indifferent to** the boy. （少女は少年に全く無関心だ。）

☑ 1498

be inferior to ～

～より劣っている

例 Allen seems to **be inferior to** John as a pilot.
（操縦士としてはアレンはジョンよりも劣っているように思える。）

☑ 1499

be involved in ～

～に関係している

例 Five firms **are involved in** the development of this area.
（この地域の開発に 5 社が関係している。）

☑ 1500

be located in ～

～に位置している

例 Okinawa **is located in** the southern part of Japan.
（沖縄は日本の南部に位置している。）

☑ 1501

be made up of ～

～で成り立っている

例 An orchestra **is made up of** a lot of different instruments.
（オーケストラはたくさんの異なる楽器で成り立っている。）

☑ 1502 be peculiar to ～　　　～に特有のものである

例 The problem of desertification **is** not **peculiar to** that country.
（砂漠化の問題はその国に特有という訳ではない。）

☑ 1503 be related to ～　　　～と関連している

例 Drought **is related to** global warming. （干ばつは地球温暖化と関連している。）

☑ 1504 be responsible for ～　　　～の責任がある

例 A principal **is responsible for** the safety of the whole school.
（校長は全校生徒の安全に責任がある。）

☑ 1505 be satisfied with ～　　　～に満足している

例 The teacher **was satisfied with** the students' good scores.
（教師は生徒たちの好成績に満足していた。）

☑ 1506 be short of ～　　　～が不足している

例 Refugees **are short of** clean water. （難民にはきれいな水が不足している。）

☑ 1507 be sick of ～　　　～に嫌気が差している

例 The nation **is sick of** violence. （国民は暴力には嫌気が差している。）

熟語編

RANK

動詞句

その他の熟語

☑ 1508
be similar to ～　　　　　～に似ている

例 Her car **is similar to** mine.（彼女の車は私のに似ている。）

☑ 1509
be suitable for ～　　　　　～に適している

例 This swimming course **is suitable for** beginners.
（この水泳講習会は初心者に適している。）

☑ 1510
be suited for ～　　　　　～にふさわしい

例 Jane **is suited for** her job.（ジェーンは自分がやっている仕事に向いている。）

☑ 1511
be surrounded by ～　　　　　～に囲まれている

例 The baby **is** always **surrounded by** her parents and sisters.
（赤ん坊はいつも両親と姉たちに囲まれている。）

☑ 1512
be suspicious of ～　　　　　～を疑っている

例 I have **been suspicious of** his behavior from the first.
（私は最初から彼の行動を疑っていた。）

☑ 1513
be too much (for ～)　　　　　（～には）耐えられない

例 Climbing a mountain will **be too much for** me.
（山登りは私にはあまりに重労働だ。）

1514 be typical of ～　　　　～の典型である

例 This story **is typical of** the writer's work. (この物語はその作家の作品の典型だ。)

1515 be used to ～　　　　～に慣れている

例 I **am used to** rural life. (私は田舎暮らしには慣れている。)

熟語編

RANK

動詞句

1516 be worried about ～　　　　～を心配している

例 A lot of people **are worried about** global warming.
(多くの人々が地球温暖化を心配している。)

RANK 必ずおさえておくべき動詞句

〈be動詞+形容詞+to *do*〉型の動詞句

1517 be about to *do*　　　　～するところだ

例 I'**m about to** go shopping with my mother.
(私は今から母と買い物に出掛けるところだ。)

1518 be amazed to *do*　　　　～して驚いている

例 People **are amazed to** see that the actress is as beautiful as she was 30
years ago. (人々はその女優が 30 年前と同じように美しいのを見て驚いている。)

☑ 1519

be determined to *do* 　　〜することに決めている

例 She **is determined to** leave home. （彼女は家を出ることに決めている。）

☑ 1520

be eager to *do* 　　〜することを切望している

例 All the children **are eager to** go back to school.
（子どもたちは皆学校に戻ることを切望している。）

☑ 1521

be expected to *do* 　　〜すると思われている

例 The baseball player **is expected to** play for at least one more season.
（その野球選手は少なくとももう１シーズンはプレーするだろう。）

☑ 1522

be forced to *do* 　　〜せざるを得ない

例 The government is **being forced to** take action against people killing
elephants. （政府はゾウを殺す人々に対して対策を取らざるを得ない。）

☑ 1523

be liable to *do* 　　〜しそうである

例 The bike **is liable to** break down on a long trip.
（長旅の途中で自転車が壊れそうだ。）

☑ 1524

be likely to *do* 　　〜しそうである

例 A typhoon **is likely to** come next weekend. （来週末は台風が来そうだ。）

☑ 1525
be relieved to *do*　　〜して安心する

例 The mother **was relieved to** see her daughter come back safe.
（母親は娘が無事に戻ってきたのを見て安心した。）

☑ 1526
be reluctant to *do*　　〜するのが気乗りしない

例 The daughters **are reluctant to** throw out the books they used to read.
（娘たちはかつて読んでいた本を処分することに乗り気でない。）

☑ 1527
be required to *do*　　〜することを要求される

例 Schoolchildren **are required to** do a lot of homework on the weekend.
（生徒たちは週末にたくさんの宿題をすることを要求されている。）

☑ 1528
be supposed to *do*　　〜することになっている

例 I'm **supposed to** pay before December 5.
（私は 12 月 5 日までに支払うことになっている。）

☑ 1529
be sure to *do*　　間違いなく〜する

例 **Be sure to** return the book when you finish your essay.
（リポートを書き終えたら間違いなく本を返してください。）

☑ 1530
be unlikely to *do*　　〜しそうにない

例 He **is unlikely to** buy that expensive tool.
（彼はあの高価な器具を買いそうにない。）

熟語編

RANK

動詞句

その他の熟語

☑ 1531

be willing to *do*　　～するのをいとわない

例 Growing companies **are willing to** spend money on TV advertisements.
（成長企業はテレビの広告に金を使うのをいとわない。）

RANK

必ずおさえておくべき動詞句

その他の重要動詞句

☑ 1532

come into being　　生じる

例 The school **came into being** in 1952.（その学校は 1952 年に設立された。）

☑ 1533

come to an end　　終わる

例 This year's baseball season **came to an end** with the Hawks' victory.
（今年の野球シーズンはホークスの勝利で終わった。）

☑ 1534

drop A a line　　Aに一筆書いて送る

例 Please **drop** me **a line** to tell me how you are doing.
（どんな風にやっているのか分かるように少しは書いて送ってちょうだいね。）

☑ 1535

get in touch with ～　　～と連絡を取る

例 I tried in vain to **get in touch with** him.（彼に連絡しようとしたが無駄だった。）

☑ 1536 get lost　　　道に迷う

例 A child **got lost** in the shopping mall.
（子どもがショッピングモールで迷子になった。）

☑ 1537 get on A's nerves　　　Aをいらいらさせる

例 Those kids really **get on my nerves**. （あの子どもたちには実にいらいらする。）

☑ 1538 get rid of 〜　　　〜を取り除く

例 People have **gotten rid of** waste mainly by burning it.
（人々は主に燃やすことでごみを取り除いてきた。）

☑ 1539 give birth to 〜　　　〜を産む

例 His wife **gave birth to** a boy. （彼の妻は男の子を産んだ。）

☑ 1540 give rise to 〜　　　〜を引き起こす

例 The article **gave rise to** a fierce argument.
（その記事は激しい論争を引き起こした。）

☑ 1541 go all the way　　　徹底的にやる

例 The athlete was determined to **go all the way** to the championship.
（その選手は優勝を目指して徹底的にやると決心した。）

熟語編

RANK

動詞句

その他の熟語

☑ 1542

have a word with ～

～とちょっと話す

例 I tried to **have a word with** him about the matter.
（私はその件で彼とちょっと話をしようとした。）

☑ 1543

have no choice[alternative] but to *do*

～するしかない

例 He **had no choice but to** pay for it. （彼はその代金を支払うしかなかった。）

☑ 1544

have second thoughts

考え直す

例 She began to **have second thoughts** about her life after the accident.
（彼女は事故の後で人生について考え直し始めた。）

☑ 1545

hold the line

電話を切らずに待つ

例 Jim's mother told me to **hold the line** and went to call him.
（ジムの母親は私に電話を切らずに待つように言って彼を呼びに行った。）

☑ 1546

keep an eye on ～

～から目を離さないでいる

例 The nurse was **keeping an eye on** the patient.
（看護師は患者から目を離さないでいた。）

☑ 1547

keep one's word

約束を守る

例 I don't think he will **keep his word**. （彼は約束を守らないと私は思う。）

☑ 1548 keep[bear] A in mind — Aを心に留めておく

例 You must always **keep** the customers **in mind** when developing a new product.
（新製品を開発するときには常に顧客のことを心に留めておかなくてはいけない。）

☑ 1549 keep[stay] in touch with ～ — ～と連絡を取っている

例 My mother **keeps in touch with** her sister who lives abroad.
（母は外国に住んでいる彼女の妹と連絡を取っている。）

熟語編

動詞句

☑ 1550 know better than to *do* — ～するほど愚かではない

例 She **knew better than to** try to interrupt the neighbor.
（その隣人の邪魔をしようとするほど彼女は愚かではなかった。）

☑ 1551 make a difference — 違いが生じる

例 I doubt one more person can **make a difference** on our task.
（私たちの仕事にもう1人増えることで，違いが生じるとは思えない。）

☑ 1552 make a face — しかめっ面をする

例 When he heard the news, he **made a face** at me.
（彼はその知らせを聞くと私にしかめっ面をした。）

☑ 1553 make do with ～ — ～で何とか済ませる

例 She had to **make do with** some soup and bread for dinner.
（彼女は夕食をスープとパンで済ませなければならなかった。）

☑ 1554
make fun of 〜　　　　〜をからかう

例 Stop **making fun of** newcomers. （入ったばかりの人をからかうんじゃない。）

☑ 1555
make one's way　　　　進む

例 He **made his way** along the crowded street.
（彼は混み合った通りを進んで行った。）

☑ 1556
make sense　　　　意味を成す

例 I found that his essay didn't **make sense**.
（彼のリポートは意味を成していなかった。）

☑ 1557
make sure of 〜　　　　〜を確かめる

例 The father **made sure of** his daughter's safety first.
（父親は真っ先に娘の無事を確かめた。）

☑ 1558
make use of 〜　　　　〜を利用する

例 They are **making use of** an empty house to produce artwork.
（彼らは空き家を利用して芸術作品を創っている。）

☑ 1559
play a role[part] in 〜　　　　〜で役割を果たす

例 Reading **plays an** important **role in** human life.
（読書は人間の生活において重要な役割を果たす。）

☑
1560

take account of ～　　　～を考慮に入れる

例 We have to **take account of** the members who are not here.
（われわれはここにいないメンバーを考慮に入れなければならない。）

☑
1561

take advantage of ～　　　～を利用する

例 It's dirty of him to **take advantage of** people weaker than he is.
（自分より弱い人々を利用するとは彼は卑劣だ。）

熟語編

RANK

動詞句

☑
1562

take part in ～　　　～に参加する

例 She will soon recover and **take part in** races as she did before.
（彼女はすぐに回復して以前のようにレースに参加するだろう。）

☑
1563

take place　　　行われる

例 The construction of a new hospital is **taking place**.
（新しい病院の建設が行われている。）

☑
1564

used to *do*　　　～したものだった

例 I **used to** go shopping with my sister when we were young.
（若い頃は姉と買い物に出掛けたものだ。）

まとめてCheck!　同意語・同意表現をCheck！

make fun of ～（～をからかう）＝mock
make one's way（進む）＝go
take part in ～（～に参加する）＝participate in ～

この章の学習記録を付ける

覚えたことを定着させるには,「繰り返し復習すること」が大切です。
この章の学習を一通り終えたら,下の学習記録シートに日付を書き
込み,履歴を残しましょう。

1	2	3	4	5	6	7	8	9	10
/	/	/	/	/	/	/	/	/	/

11	12	13	14	15	16	17	18	19	20
/	/	/	/	/	/	/	/	/	/

21	22	23	24	25	26	27	28	29	30
/	/	/	/	/	/	/	/	/	/

31	32	33	34	35	36	37	38	39	40
/	/	/	/	/	/	/	/	/	/

41	42	43	44	45	46	47	48	49	50
/	/	/	/	/	/	/	/	/	/

MEMO

必ずおさえておくべき

その他の熟語

この章では英検2級に出る熟語のうち,前章で扱った動詞句以外の熟語をまとめて紹介します。この章でも,前章同様に,「型」ごとにまとめて配列しています。効率を重視し,「型」に沿って一気にまとめて覚えてしまうとよいでしょう。

RANK 必ずおさえておくべきその他の熟語

〈as+α〉の表現

☑ 1565 **as a matter of course** | 当然のこととして

例 We always record customers' phone numbers **as a matter of course**.
（私どもは当然のこととしてお客様のお電話番号はいつも記録しています。）

☑ 1566 **as a matter of fact** | 実際は

例 **As a matter of fact**, we're going to get married next month.
（実は，私たち，来月結婚するんです。）

☑ 1567 **as a rule** | 概して

例 My father jogs every morning, **as a rule**. （父はたいてい毎朝ジョギングをする。）

☑ 1568 **as a whole** | 全体として

例 The Olympic Games will be great for our country **as a whole**.
（オリンピックはわが国全体にとって素晴らしいものになるだろう。）

☑ 1569 **as far as ...** | …する限り

例 **As far as** I know, he doesn't drink alcohol.
（私の知る限り，彼はアルコールを飲まない。）

1570 as follows 次の通り

例 The members of the team are **as follows**.(チームのメンバーは次の通りである。)

1571 as for ～ ～については

例 **As for** me, I am against the plan. (私について言うと、その計画には反対だ。)

1572 as if[though] ... あたかも…かのように

例 He looked **as if** he were enjoying the party.
(彼はパーティーを楽しんでいるように見えた。)

1573 as is often the case with ～ ～にはよくあることだが

例 **As is often the case with** this city's buses, my bus was late this morning.
(この市のバスにはよくあることだが、今朝乗ったバスは遅れた。)

1574 as long as ... …さえすれば

例 **As long as** the weather is good, we can see Mt. Fuji from here.
(天気さえ良ければ、ここから富士山を眺められる。)

まとめてCheck! 同意語・同意表現をCheck!
as a rule(概して)＝generally
as for ～(～については)＝as to ～, with regard to ～
as long as ...(…さえすれば)＝only if ..., provided (that) ...

☑ 1575

as many as ～　　　　～ほども多くの

例 The album sold **as many as** two million copies a month.
（そのアルバムは 1 カ月で 200 万枚も売れた。）

☑ 1576

as to ～　　　　～については

例 There were doubts **as to** whether he would accept our plan.
（彼が私たちのプランを受け入れるかどうかについては疑わしかった。）

RANK

必ずおさえておくべきその他の熟語

〈at+α〉の表現

☑ 1577

at a loss　　　　途方に暮れて

例 I was **at a loss** about what to do. （私はどうしたらよいのか途方に暮れた。）

☑ 1578

at a time　　　　一度に

例 You can check out ten books and three CDs **at a time** from this library.
（この図書館では本 10 冊と CD3 枚を一度に借りることができる。）

☑ 1579

at all costs　　　　ぜひとも，どんなに費用をかけても

例 We were determined to get to the top of Mt. Fuji **at all costs**.
（私たちは何としても富士山の頂上に到達しようと決心した。）

☑ 1580 **at any cost**   ぜひとも, どんなに費用をかけても

例 My mother wants to make me into an actress **at any cost**.
（母は何としても私を女優にしたいと思っている。）

☑ 1581 **at best**   良くても

例 It looks like her popularity is temporary **at best**.
（彼女の人気は良くても一時的なもののようだ。）

☑ 1582 **at hand**   近い将来に

例 I heard the good news that help was close **at hand**.
（助けがもうすぐ来るといううれしいニュースを聞いた。）

☑ 1583 **at large**   逃走中で, 捕らわれないで

例 The elephant that escaped from the zoo is still **at large**.
（動物園から逃げ出した象はまだ逃走中だ。）

☑ 1584 **at least**   少なくとも

例 We'll be able to take **at least** two months off next summer.
（私たちは今度の夏, 少なくとも 2 カ月は休暇を取ることができる。）

まとめてCheck!	熟語をPlus！－ timeの熟語		
all the time	（その間ずっと）	at times	（時々）
at one time	（昔は；一斉に）	for a long time	（長い間）
at the same time	（同時に）		

熟語編

RANK

その他の熟語

☑ 1585

at (the) most　　せいぜい, 多くて

例 The teacher is 25 years old **at most**. (その先生はせいぜい 25 歳くらいだ。)

☑ 1586

at a person's convenience　　人の都合の良いときに

例 Please call me **at your convenience**.
(あなたの都合の良いときにお電話下さい。)

☑ 1587

at present　　現在

例 **At present**, this book is not available. (現在, この本は入手不可能となっている。)

☑ 1588

at random　　無作為に

例 The teacher chose two students **at random** from each group.
(先生はそれぞれのグループから無作為に生徒を 2 人選んだ。)

☑ 1589

at risk　　危険な状態で

例 The scientist says that a lot of fish are **at risk** in the lake.
(科学者が言うには多くの魚がその湖の中で危険な状態にある。)

☑ 1590

at the moment　　今のところ, ちょうど今

例 I'm very busy with work **at the moment**. (今のところ仕事でとても忙しい。)

RANK 必ずおさえておくべきその他の熟語

〈by+α〉の表現

1591 by accident 間違って, 偶然に

例 I left my wallet at home **by accident**.
（私は間違って財布を家に置いてきてしまった。）

1592 by all means ぜひとも, よろしいですとも

例 "Can I take him?" "**By all means**!" （「彼を連れていってもよいですか。」「ぜひ！」）

1593 by and large 大体, 全般的に

例 You did a fine job, **by and large**. （全般的に, あなたはよくやってくれた。）

1594 by birth 生まれながらの

例 An old friend of mine is Italian **by birth**.
（私の古い友人は生まれながらのイタリア人だ。）

まとめてCheck!	反意語・反意表現をCheck！
at (the) most	⇔ at (the) least（少なくとも）
at present	⇔ in the past（昔は）／in the future（将来）
by accident	⇔ on purpose, intentionally, by design（故意に）

☑ 1595
by contrast
対照的に

例 My sister is very sociable. **By contrast**, I am very quiet and withdrawn.
（姉はとても社交的だが，対照的に私はとてもおとなしくて引っ込み思案だ。）

☑ 1596
by far
はるかに，非常に

例 My father was **by far** the most skillful soccer player in Japan.
（私の父は，日本では断然，誰よりも熟練したサッカー選手だった。）

☑ 1597
by means of ～
～を用いて

例 They analyzed this phenomenon **by means of** the scientific method.
（彼らはこの現象を科学的方法を用いて分析した。）

☑ 1598
by mistake
誤って

例 I took the wrong bus **by mistake**. （私は誤って違うバスに乗ってしまった。）

☑ 1599
by no means
決して～ない

例 This task is **by no means** impossible for you.
（これはあなたにとっては決して不可能な仕事ではない。）

☑ 1600
by surprise
不意に

例 The amazing news took them **by surprise**.
（その驚くべきニュースは彼らに不意打ちを食らわせた。）

☑ 1601
by turns
順繰りに, 代わる代わる

例 I was confused and angry **by turns**. (私は困惑したり怒ったりした。)

RANK

必ずおさえておくべきその他の熟語

〈for+α〉の表現

☑ 1602
for (so) long
久しく, 長い間

例 I ran into my brother last week, but we didn't talk **for long**.
(先週弟にたまたま会ったが, 長くは話さなかった。)

☑ 1603
for ages
久しく, 長い間

例 I haven't seen that teacher **for ages**. (その先生には長いこと会っていない。)

☑ 1604
for all 〜
〜にもかかわらず

例 **For all** my hard studying, I couldn't get good marks.
(一生懸命勉強したにもかかわらず, 良い点を取れなかった。)

まとめてCheck!　熟語をPlus！— meansの熟語
by any manner of means(どうにかして)
by no manner of means (決して〜ではない)
by fair means or foul (手段を選ばずに)

☑
1605
for certain 確かに

例 I didn't know the details of the test **for certain**.
（そのテストについての詳細は，確かには知らなかった。）

☑
1606
for fear （〜するのを）恐れて

例 I didn't go to the beach **for fear** of getting a sunburn.
（日焼けしたくなかったので浜辺には行かなかった。）

☑
1607
for free 無料で

例 Today, you can enter this museum **for free**.
（本日，あなたは無料でこの博物館に入館できる。）

☑
1608
for hire 賃貸しの, 雇われている

例 Do you have boats **for hire**?（貸しボートはありますか。）

☑
1609
for instance 例えば

例 You are similar to my sister. **For instance**, both of you like singing.
（あなたは私の姉と似ている。例えば，二人とも歌うことが好きだ。）

☑
1610
for nothing 見返りなしに, 理由なく

例 You don't have to do all that work **for nothing**.
（何の見返りもなしにあなたがその仕事を全てする必要はない。）

1611 for sure 確かに

例 No one knows **for sure** where he is now.
(彼が今どこにいるのか，誰も確かには知らない。)

1612 for the benefit of ～ ～のために

例 The teacher always speaks loudly **for the benefit of** the students in the back of the classroom. (先生はいつも，教室の後方にいる生徒のために大きな声で話す。)

1613 for the sake of ～ ～のために

例 I moved to the countryside **for the sake of** my mother's health.
(私は母の健康のために田舎へ引っ越した。)

RANK 必ずおさえておくべきその他の熟語

⟨in+α⟩の表現

1614 in a sense ある意味で

例 All children are geniuses **in a sense**. (子どもたちはある意味で皆天才だ。)

> **まとめてCheck!** 同意語・同意表現をCheck!
>
> for certain(確かに)＝for sure
> for free(無料で)＝for nothing, free of charge
> for instance(例えば)＝for example
> for the sake of ～(～のために)＝for ～

熟語編

RANK

その他の熟語

☑ 1615 | **in addition (to ～)** | （～に加えて）さらに, その上

例 The new teacher is really nice. **In addition**, she is able.
（新しい先生はとても優しい。その上，有能だ。）

☑ 1616 | **in advance (of ～)** | （～より）前もって, あらかじめ

例 You should make a reservation at the restaurant **in advance**.
（そのレストランに前もって予約しておいた方がいい。）

☑ 1617 | **(just) in case ...** | …の場合の用心に

例 I wrote down the phone number of the hospital **in case** there was a problem.
（私は問題が起こった場合の用心に，病院の電話番号を控えておいた。）

☑ 1618 | **in case of ～** | ～の場合には

例 Push this alarm button **in case of** a fire.
（火事の場合には，この警報ボタンを押してください。）

☑ 1619 | **in demand** | 需要のある

例 This singing group is **in demand** at a lot of TV stations.
（この歌手のグループは多くのテレビ局から引っ張りだこだ。）

☑ 1620 | **in depth** | 徹底的に

例 They analyzed the strange object **in depth**.
（彼らはその不思議な物体を徹底的に分析した。）

1621 in effect 事実上

例 **In effect**, the new law bans smoking in restaurants.
（事実上，その新しい法律はレストランでの喫煙を禁じている。）

1622 in fact 事実上, 実際は

例 **In fact**, I will have lunch with your sister tomorrow.
（実は，明日あなたの妹とランチを食べます。）

1623 in general 概して, 一般に

例 I'm satisfied with my current life **in general**.
（私は概して今の生活に満足している。）

1624 in honor of ～ ～に敬意を表して, ～を祝して

例 We held a party **in honor of** our teachers.
（先生方に感謝を表すパーティーを開催した。）

1625 in most cases ほとんどの場合

例 **In most cases**, monsters are defeated by heroes.
（ほとんどの場合，怪物はヒーローに退治される。）

まとめてCheck!	熟語をPlus！－ caseの熟語		
a case in point	（適例）	in no case	（決して～ない）
in any case	（いずれにせよ）	in the case of ～	（～に関しては）

☑ 1626 **in need** | 困っている

例 Don't hesitate to help people **in need**.
（困っている人を助けるのにちゅうちょしないでください。）

☑ 1627 **in other words** | 言い換えれば

例 He is my mother's brother, **in other words** my uncle.
（彼は母の弟，つまり，私の叔父だ。）

☑ 1628 **in part** | ある程度

例 She is **in part** to blame for the matter. （その件の責任はある程度彼女にある。）

☑ 1629 **in particular** | 特に

例 Sam smiled at no one **in particular**. （サムは特に誰にともなくほほ笑んだ。）

☑ 1630 **in person** | （代理人ではなく）**本人が自ら**

例 You can apply **in person** or call. （自分で直接，あるいは電話で申請できます。）

☑ 1631 **in place of ～** | ～の代わりに

例 I put honey in my tea **in place of** sugar. （砂糖の代わりに蜂蜜を紅茶に入れた。）

1632 in practice 実際には

例 Remaining calm is difficult **in practice**. (平常心でいることは実際には難しい。)

1633 in private 内緒で

例 They told me they would like to speak with me **in private**.
(彼らは私と内々で話をしたいと言った。)

1634 in public 人前で

例 I am not accustomed to speaking **in public**.
(私は人前で話すことに慣れていない。)

1635 in return (for ～) (～の)お返しに

例 He gave her a bouquet of roses **in return for** the invitation.
(招待へのお返しに,彼は彼女にバラの花束を贈った。)

1636 in search of ～ ～を捜し求めて

例 She left her company **in search of** a higher salary.
(彼女はより高い給料を求めて会社を辞めた。)

1637 in shape 健康で

例 It is important for us to keep ourselves **in shape**.
(体調を維持することはわれわれにとって大切だ。)

熟語編

RANK

その他の熟語

1638

in short　　　　　　　　手短に言うと

例 **In short**, she likes you. （要するに，彼女は君が好きなんだ。）

1639

in spite of ～　　　　　　～にもかかわらず

例 **In spite of** the bad weather, we went for a walk.
（悪天候にもかかわらず，私たちは散歩に出掛けた。）

1640

in terms of ～　　　　　　～の点から

例 The rug is just right **in terms of** size.
（その敷物はサイズの点ではちょうどぴったりだ。）

1641

in the air　　　　　　　　空中に，未決定である

例 A balloon is floating **in the air**. （空中に風船が浮かんでいる。）

1642

in the distance　　　　　　遠くで

例 I heard the sound of a siren **in the distance**. （遠くでサイレンの音が聞こえた。）

1643

in the end　　　　　　　　結局は

例 **In the end**, he decided to become an actor. （結局，彼は役者になると決めた。）

☑ 1644

in the first place　　　そもそも

例 What causes asthma attacks **in the first place**?
（そもそもぜんそくの発作は何によって起こるのか。）

☑ 1645

in the long run　　　長い目で見れば

例 The system is economical **in the long run**.
（長い目で見ればそのシステムは経済的だ。）

熟語編

RANK

☑ 1646

in the meantime　　　その間に

例 Let's have a break **in the meantime**.（合間に一休みしよう。）

その他の熟語

☑ 1647

in the way of 〜　　　〜の邪魔になって

例 His playing smartphone games gets **in the way of** his studies.
（彼はスマホゲームをやって勉強に身が入らない。）

☑ 1648

in time　　　間に合って

例 We arrived at the airport **in time**.（私たちは空港に間に合って到着した。）

☑ 1649

in total　　　全部で

例 How much did you spend **in total** on yesterday's shopping?
（あなたは昨日の買い物に総額でいくら使いましたか。）

☑ 1650

in touch 連絡して

例 Be sure to keep **in touch**. (忘れずに連絡してください。)

☑ 1651

in trouble 面倒な状態で

例 She got us **in trouble**. (彼女は私たちをトラブルに巻き込んだ。)

☑ 1652

in turn 順に

例 The teacher asked each student **in turn**. (先生は生徒たちに順番に質問した。)

☑ 1653

in use 使用されて

例 The data file is **in use** right now. (そのデータファイルは現在使用中だ。)

☑ 1654

in vain 無駄に

例 He tried to persuade them, but it was **in vain**.
(彼は彼らを説得しようとしたが, 無駄だった。)

☑ 1655

in[by] comparison (with ~) (~と)比較して

例 The book is difficult to understand **in comparison with** the others.
(その本は他の本と比べて理解するのが難しい。)

必ずおさえておくべきその他の熟語

〈on+α〉の表現

☑ 1656

on account of ～

(理由を表して)～のために

例 The flight was delayed **on account of** snow. (雪のためフライトが遅れた。)

☑ 1657

on and off

時々, 断続的に

例 The sound of the piano came **on and off** from her room.
(彼女の部屋から時々ピアノの音が聞こえてきた。)

☑ 1658

on average

平均して, 概して

例 He drinks three cups of tea a day **on average**.
(彼は平均して1日3杯のお茶を飲む。)

☑ 1659

on board

(船・飛行機などに)乗って

例 Please get **on board** the plane now. (さあ飛行機に搭乗してください。)

まとめてCheck!	熟語をPlus！－ turnの熟語		
at every turn	(絶えず, いつも)	out of turn	(順番を間違えて)
in one's turn	(自分の番になって)	take turns	(交替でする)

熟語編

RANK

その他の熟語

☑ 1660

on condition that ...　…という条件で

例 You can leave the office early today **on condition that** you finish the task by tomorrow.（明日までに作業を終えられるなら今日は早く退社してもよい。）

☑ 1661

on demand　要求があり次第

例 On the Internet, you can watch TV programs **on demand**.
（インターネットでは，テレビ番組を見たいときに見ることができる。）

☑ 1662

on duty　当番で，勤務時間中で

例 She is **on duty** tonight.（彼女は今日は夜勤だ。）

☑ 1663

on hand　すぐに利用可能で

例 We have food and water **on hand**.
（私たちは食糧と水をいつでも使えるように備えている。）

☑ 1664

(all) on one's own　自力で，単独で

例 He broke his legs and wasn't able to walk around **on his own**.
（彼は両足を骨折したため一人で歩き回ることができなかった。）

☑ 1665

on purpose　意図的に

例 She broke a vase **on purpose**.（彼女はわざと花瓶を割った。）

☑ 1666 on the contrary　　それどころか, その反対で

例 It wasn't warm yesterday. **On the contrary**, it was freezing cold.
（昨日は暖かくなかった。それどころか凍えるほど寒かった。）

☑ 1667 on the edge　　瀬戸際で

例 The band is **on the edge** of a breakup.（そのバンドは解散寸前だ。）

☑ 1668 on the go　　忙しくして, ばたばたして

例 They were always **on the go**.（彼らはいつも忙しく活動していた。）

☑ 1669 on the market　　市場に出て, 売りに出されて

例 They put their new product **on the market**.（彼らは新しい製品を市場に出した。）

その他の熟語

☑ 1670 on the other hand　　その一方で, 他方では

例 The population of rural areas is declining. **On the other hand**, that of large cities is increasing.
（田舎の人口は減少している。それに対し大都市の人口は増加している。）

☑ 1671 on the run　　逃走中で

例 They were **on the run** from the police for murder.
（彼らは殺人のかどで警察に追われていた。）

☑ 1672
on the way 途中で

例 I'm visiting her house. And I'm going to buy some flowers **on the way**.
（彼女の家を訪ねるんだ。そしてその途中で花を買うつもりだ。）

☑ 1673
on the whole 概して

例 **On the whole**, we agreed with her proposal.
（大体においてわれわれは彼女の案に賛成した。）

☑ 1674
on time 時間通りに

例 The train arrived at Tokyo Station **on time**. （電車は定刻に東京駅に着いた。）

☑ 1675
on top of ～ ～の上に, ～に加えて

例 I visited a shrine **on top of** a mountain. （山の頂上にある神社に行った。）

RANK
必ずおさえておくべきその他の熟語
その他の重要熟語

☑ 1676
a great deal of ～ たくさんの～

例 Their project will cost **a great deal of** money.
（彼らの計画には多額の金がかかるだろう。）

☑ 1677

a large amount of ～

たくさんの～

例 **A large amount of** water is wasted every day.
（毎日大量の水が無駄遣いされている。）

☑ 1678

a series of ～

一連の～

例 You need to answer **a series of** questions.
（あなたは一連の質問に答える必要があります。）

☑ 1679

a variety of ～

さまざまな～

例 He can play **a variety of** instruments.
（彼はさまざまな種類の楽器を演奏できる。）

その他の熟語

☑ 1680

a wide range of ～

幅広い種類の～

例 They are selling **a wide range of** clothing at the store.
（彼らの店では幅広い種類の衣料品を売っている。）

☑ 1681

according to ～

～によれば

例 **According to** Ken, a new restaurant will open next Monday.
（ケンによれば，新しいレストランが今度の月曜日にオープンするそうだ。）

まとめてCheck!	熟語をPlus！－ wayの熟語		
by the way	（ところで）	give way	（譲歩する；取って代わられる）
by way of ～	（～を通って）	in no way	（決して～ない）
find one's way	（何とかして進む）		

☑ 1682

ahead of ～   ～の前に

例 In the dusk, I saw a figure **ahead of** me.
（薄暗がりの中，私の前方に人影が見えた。）

☑ 1683

all the way   ずっと

例 She walked **all the way** to the stadium.
（彼女はスタジアムまでずっと歩いて行った。）

☑ 1684

along with ～   ～と一緒に

例 He sent a letter **along with** a picture. （彼は写真と一緒に手紙を送った。）

☑ 1685

anything but ～   少しも～ない

例 She is **anything but** kind. （彼女は全く優しくなんかない。）

☑ 1686

apart from ～   ～と離れて

例 My brother and I live **apart from** each other.（私と兄は離れ離れに暮らしている。）

☑ 1687

aside from ～   ～を除けば

例 **Aside from** Wednesdays and Sundays, he goes to a park to jog every day.
（彼は，水曜と日曜を除いて毎日公園へジョギングをしに行く。）

☑ 1688
back and forth
行ったり来たり, 前後に

例 She is traveling **back and forth** between Japan and China.
（彼女は日本と中国の間を行ったり来たりしている。）

☑ 1689
be as good as one's word
約束を守る

例 He promised to tell the truth, and he **was as good as his word**.
（彼は真実を語ると約束し, その約束を果たした。）

☑ 1690
because of ～
～の理由で

例 She was absent from school **because of** her illness.
（彼女は病気で学校を休んだ。）

☑ 1691
before long
間もなく

例 **Before long**, his achievements were forgotten.
（彼の業績はじきに忘れ去られた。）

☑ 1692
behind a person's back
人の知らない所で

例 She spread bad rumors about him **behind his back**.
（彼女は陰で彼の悪いうわさを広めていた。）

☑ 1693
behind schedule
予定より遅れて

例 The construction of the new bridge is **behind schedule**.
（新しい橋の建設は予定より遅れている。）

☑ 1694

but for ～ ～がなければ, ～がなかったら

例 **But for** your advice, I would have lost the game.
（あなたの助言がなかったら私は試合に負けていただろう。）

☑ 1695

contrary to ～ ～に反して

例 **Contrary to** our expectations, he wasn't able to win a prize.
（われわれの予想に反し, 彼は受賞できなかった。）

☑ 1696

even if ... たとえ…でも

例 **Even if** she is wrong, she won't admit it.
（彼女はたとえ間違っていてもそれを認めようとはしない。）

☑ 1697

ever since それ以来ずっと

例 I've been a big fan of the band **ever since**.
（私はそれ以来ずっとそのバンドの大ファンだ。）

☑ 1698

except for ～ ～を除いて

例 Everybody knew the truth **except for** Koji and Meg.
（コウジとメグ以外はみんな真実を知っていた。）

☑ 1699

far from ～ （状態などが）～にはほど遠い

例 The river was **far from** clean. （その川はきれいと言うにはほど遠いものだった。）

☑ 1700 for the time being | 当分の間, 差し当たって

例 She has to go without a cellphone **for the time being**.
（彼女は当面, 携帯電話なしで過ごさなければならない。）

☑ 1701 from now on | これからは（ずっと）

例 **From now on**, eating in this room will be prohibited.
（今後, この部屋での食事は禁止となります。）

熟語編

RANK

☑ 1702 if only ... | …でありさえすれば

例 **If only** I had listened to my mom, I wouldn't be in this situation.
（お母さんの言うことをよく聞いてさえいたなら, こんな事態にはならなかっただろうに。）

その他の熟語

☑ 1703 if possible | 可能であれば

例 I'd like you to come with me, **if possible**.
（できればあなたにも一緒に来てもらいたい。）

☑ 1704 inside out | 裏表で

例 She wore her T-shirt **inside out**. （彼女はTシャツを裏返しに着ていた。）

まとめてCheck!　関連語をCheck！− inside out（裏表で）
upside down（逆さまに）
back to front（後ろ前に）
right side up（正しい方を上にして）
wrong side out（裏返しに）

☑ 1705

instead of ～

～の代わりに

例 He walked to the station **instead of** riding a bicycle there.
（彼は駅まで自転車に乗って行くのではなく歩いて行った。）

☑ 1706

let alone ～

（否定的表現に続けて）～は言う までもなく（…ない）

例 My nephew can't write hiragana yet, **let alone** kanji.
（私のおいは，漢字はもちろんのこと平仮名もまだ書けない。）

☑ 1707

might[may] as well *do*

～する方がよい，～する方が ましだ

例 If she won't come to the party, I **might as well** stay home and watch television.
（彼女がパーティーに来ないのなら，家にいてテレビでも見ている方がましだ。）

☑ 1708

millions of ～

無数の～

例 Their new project will cost **millions of** dollars.
（彼らの新プロジェクトには莫大(ばくだい)な金がかかる。）

☑ 1709

much[still, even] less ～

（否定的表現に続けて）まして～は （…ない）

例 I can't afford a new computer, **much less** a car.
（新しいコンピューターも買えないのだから，車なんてなおさら買えない。）

☑ 1710

next to ～

～の隣に

例 She sat **next to** him.（彼女は彼の隣に座った。）

☑ 1711

no longer もはや〜ない

例 I visited his house, only to find he **no longer** lived there.
（彼の家を訪ねたが，彼はもうそこに住んでいなかった。）

☑ 1712

no sooner 〜 than ... 〜するやいなや…

例 **No sooner** had he lain on the bed **than** he fell asleep.
（彼はベッドに横になるとすぐに寝入った。）

☑ 1713

not to mention 〜 〜は言うまでもなく，さらに〜

例 She speaks Chinese and Korean, **not to mention** English.
（彼女は英語は言うまでもなく中国語と韓国語も話す。）

☑ 1714

nothing but 〜 ただ〜だけ

例 He is **nothing but** a fool. （彼はただのばか者に他ならない。）

☑ 1715

now and then 時々

例 She goes to a nearby park **now and then**. （彼女は時々近所の公園に行く。）

まとめてCheck!	意味をPlus！ーnext to 〜
〜の次に	She was **next to** last to reach the goal.（彼女は最後から2番目にゴールした。）
ほとんど	They knew **next to** nothing about farming at that time. （彼らはその当時，農業についてほとんど知らなかった。）

265

☑ 1716

now that ...

(今や)・・・だから

例 **Now that** my smartphone is broken, I have to go without one for a while.
（スマートフォンが壊れてしまったから，しばらくはなしで済まさなければならない。）

☑ 1717

(every) once in a while

時々

例 He visits his grandparents who live in the country **every once in a while**.
（彼は時々田舎に住む祖父母を訪ねる。）

☑ 1718

# of one's own

自分自身の

例 I bought a computer **of my own**.（私は自分用のパソコンを買った。）

☑ 1719

out of control

制御できなくて

例 The fire got **out of control**.（火事は手に負えなくなった。）

☑ 1720

out of date

時代遅れで

例 Digital equipment becomes **out of date** too soon.
（デジタル機器はあっと言う間に時代遅れになる。）

☑ 1721

out of order

故障して, 乱雑で

例 The elevator in the building was **out of order**.
（ビルのエレベーターは故障中だった。）

☑ 1722

out of place

場違いで

例 Surrounded by children, I felt **out of place** on the train.
（周りが子どもばかりの電車内で，私は場違いな感じがしていた。）

☑ 1723

out of use

使われなくなって

例 Those words have gone **out of use**. （そうした言葉は廃れてしまった。）

☑ 1724

prior to ～

～より前の[に]

例 She is interested in Japanese history **prior to** the Meiji period.
（彼女は明治時代以前の日本史に関心がある。）

☑ 1725

provided that ...

…という条件で

例 People may accept a tax increase, **provided that** the taxes are used properly.
（税金が適切に使われるのであれば，人々は増税を受け入れるかもしれない。）

☑ 1726

rather than ～

～よりも

例 In order to get there fast, we should take a taxi **rather than** a bus.
（早くそこに行くにはバスよりもタクシーを使った方がいい。）

☑ 1727

regardless of ～

～にかかわらず

例 Anybody can enjoy this movie, **regardless of** their age.
（この映画は，年齢にかかわらず誰でも楽しめる。）

その他の熟語

267

☑ 1728 **right away** 直ちに

例 Clean your room **right away**. （すぐに自分の部屋を掃除しなさい。）

☑ 1729 **so as to *do*** 〜するように

例 She exercises regularly **so as to** keep fit.
（彼女は健康を維持するため定期的に運動をしている。）

☑ 1730 **so far** 今までのところは

例 **So far**, no one has answered the question correctly.
（今までのところその質問に正答した人はいない。）

☑ 1731 **sooner or later** 遅かれ早かれ

例 **Sooner or later** the truth will come out. （遅かれ早かれ真実は明らかになる。）

☑ 1732 **speaking of 〜** 〜と言えば

例 **Speaking of** soccer, which team won yesterday's game?
（サッカーと言えば，昨日の試合はどっちのチームが勝ったのですか。）

☑ 1733 **still more 〜** （肯定的表現の後で）〜はなおさら

例 He likes watching baseball games on television, **still more** watching them in the stadium.
（彼はテレビで野球を見るのが好きだ。ましてスタジアムで見るのはなおさらのことだ。）

START

|······································25%······································50%······································75%······································100%

☑ 1734
thanks to ～

～のおかげで

例 **Thanks to** your advice, I was able to pass the audition.
（あなたのアドバイスのおかげでオーディションに合格できた。）

☑ 1735
that is (to say)

つまり

例 I bought this computer at its lowest price, **that is**, forty thousand yen.
（私はこのコンピューターを最安値，すなわち4万円で買った。）

☑ 1736
the moment (that) ...

…した瞬間に

例 **The moment** I opened my book, the lights went out.
（本を開いた途端に明かりが消えた。）

☑ 1737
There is no point in *do*ing

～しても意味がない

例 **There is no point in** giv**ing** him advice. （彼に忠告しても無駄だ。）

☑ 1738
thousands of ～

何千もの～，無数の～

例 This pot was made **thousands of** years ago.（このつぼは何千年も前に作られた。）

まとめてCheck!	同意語・同意表現をCheck！

right away（直ちに）＝at once
so as to *do*（～するように）＝in order to *do*
the moment (that) ...（…した瞬間に）＝as soon as ...

熟語編

RANK

その他の熟語

☑ 1739 **to some extent** ある程度は

例 I understood his explanation **to some extent**.
（私はある程度は彼の説明を理解した。）

☑ 1740 **to tell (you) the truth** 実を言えば

例 **To tell you the truth**, I don't even know her name.
（実を言うと彼女の名前すら知らないんだ。）

☑ 1741 **to the point** 的を射た

例 The instructions for the software were clear and **to the point**.
（ソフトウエアの説明書は分かりやすく的確だった。）

☑ 1742 **together with ～** ～と共に

例 An NPO, **together with** local residents, held a festival.
（NPO は地域住民と一緒に祭りを開催した。）

☑ 1743 **under way** 進行中で

例 Plans are **under way** to build an amusement park.
（遊園地を作る計画が進行中だ。）

☑ 1744 **up to ～** （数値が）最大～まで

例 This hotel accommodates **up to** three hundred guests.
（このホテルは最大 300 人まで宿泊できる。）

☑ 1745

what is called いわゆる

例 This is **what is called** "beginner's luck."
（これがいわゆる「ビギナーズラック」というものだ。）

☑ 1746

what is more その上

例 She got a guitar from him, and **what is more** she got it for free.
（彼女は彼からギターを譲ってもらった，しかもただでだ。）

☑ 1747

when it comes to ～ ～のこととなると

例 **When it comes to** movies, he can't stop talking.
（映画のこととなると彼は話が止まらない。）

☑ 1748

with respect to ～ ～に関して

例 This product is guaranteed **with respect to** durability.
（耐久性に関してこの製品は保証されている。）

☑ 1749

with[in] regard to ～ ～に関して

例 They will make a decision **with regard to** their financial problems.
（彼らは財政問題に関してある決定を行う。）

☑ 1750

within (easy) reach (of ～) （～の）すぐ近くの，（～の）手の届く所に

They visited a museum and a zoo that are **within easy reach of** the station.
（彼らは駅のすぐ近くにある美術館と動物園を訪れた。）

熟語編

RANK

その他の熟語

271

この章の学習記録を付ける

覚えたことを定着させるには,「繰り返し復習すること」が大切です。
この章の学習を一通り終えたら,下の学習記録シートに日付を書き
込み,履歴を残しましょう。

1	2	3	4	5	6	7	8	9	10
/	/	/	/	/	/	/	/	/	/
11	12	13	14	15	16	17	18	19	20
/	/	/	/	/	/	/	/	/	/
21	22	23	24	25	26	27	28	29	30
/	/	/	/	/	/	/	/	/	/
31	32	33	34	35	36	37	38	39	40
/	/	/	/	/	/	/	/	/	/
41	42	43	44	45	46	47	48	49	50
/	/	/	/	/	/	/	/	/	/

MEMO

会話編

必ずおさえておくべき

会話表現

この章では英検 2 級によく出る会話表現を紹介します。ここに掲載されている会話表現は，英検 2 級の筆記試験で出題される会話問題はもちろん，リスニングや二次試験を攻略する上で核となるものばかりです。覚える際には，音声を聞いたり，声に出したりしながら，取り組むことをおすすめします。

☑ 001
Are you planning to *do*?

〜するつもりですか。

例 **A**: What **are you planning to** do tonight**?**
B: I'm not sure.
A: 今夜は何をするつもりですか。
B: 分かりません。

☑ 002
Are you ready to order?

ご注文を伺いましょうか。

例 **A**: **Are you ready to order?**
B: I'd like a chicken sandwich and an orange juice.
A: 何にいたしましょうか。
B: チキンサンドイッチとオレンジジュースを下さい。

☑ 003
Are you sure ...?

…は確かですか。

例 **A**: **Are you sure** he will come**?**
B: Yes, I'm sure.
A: 彼が来るのは確かですか。
B: ええ，間違いないです。

☑ 004
By all means!

ぜひどうぞ！

例 **A**: Can I visit you next Sunday?
B: **By all means!**
A: 今度の日曜にお伺いしてもいいですか。
B: もちろんですとも！

☑ 005
Can I *do* 〜?

〜してもいいですか。

例 **A**: **Can I** ask you a few questions**?**
B: Sure. Go ahead.
A: いくつか質問してもいいですか。
B: ええ。どうぞ。

☐ 006 (How) can[may] I help you?

（店で）いらっしゃいませ。

例 **A**: **Can I help you?**

B: Thanks, but I'm just looking around.

A: お伺いいたしましょうか。

B: ありがとう。でも見てるだけなので。

☐ 007 Can[Could] you help me with ～?

～を手伝ってもらえますか。

例 **A**: **Can you help me with** my paper**?**

B: Well, I think you should do it by yourself.

A: リポートを手伝ってくれないかな。

B: うーん，自分でやるべきだと思うよ。

☐ 008 Can[Could] you tell me ～?

～を教えてもらえますか。

例 **A**: **Can you tell me** where your store is**?**

B: It's just across from the city hall.

A: そちらのお店の場所を教えてもらえますか。

B: ちょうど市役所の向かいです。

☐ 009 Can't wait to see you!

あなたに会うことが待ち遠しい！

例 **A**: I'm visiting you next month.

B: Really! **Can't wait to see you!**

A: 来月そちらへ行くからね。

B: 本当に！待ち遠しいな！

☐ 010 Can[Could/May] I speak to ～?

（電話で）～をお願いできますか。

例 **A**: Hello. This is Ken. **Can I speak to** Sophie, please**?**

B: Hi, Ken. This is Sophie speaking.

A: もしもし，ケンですが。ソフィーはいますか。

B: こんにちは，ケン。私ですよ。

☑ 011 Can[Could/May] I take a message?

(電話で)ご用件を伺いましょうか。

例 **A**: **May I take a message?**

B: Yes. Please tell her that I'll be there by seven.

A: ご伝言を承りましょうか。

B: はい。7時にはそちらへ行くと彼女に伝えてください。

☑ 012 Certainly.

もちろん。、かしこまりました。

例 **A**: May I use your cellphone?

B: **Certainly.**

A: 携帯電話を使わせてもらえますか。

B: もちろんどうぞ。

☑ 013 Come on.

さあ頑張れ。、ばかなこと言うな。、お願いだから。

例 **A**: I don't want to sing because I'm a terrible singer.

B: Who cares! **Come on.** Let's sing together.

A: 僕は下手だから歌いたくないな。

B: 構うもんか！さあさあ。一緒に歌おう。

☑ 014 Couldn't be better.

最高だ。

例 **A**: This hotel's service is splendid, isn't it?

B: **Couldn't be better.**

A: このホテルのもてなしは素晴らしいね。

B: 最高だよ。

☑ 015 Could you possibly *do*?

よろしければ～してもらえますか。

例 **A**: **Could you possibly** drive me to the station**?**

B: Sure. I'm going shopping at the supermarket near the station.

A: できれば駅まで乗せて行ってもらえますか。

B: いいですよ。駅の近くのスーパーへ買い物に行くので。

☑ 016

don't forget to *do*　　　忘れずに～する

例 **A**: **Don't forget to** lock the door.

B: Okay.

A: 必ずドアの鍵を閉めておいてね。

B: 分かった。

☑ 017

Don't mention it.　　　どういたしまして。

例 **A**: Thank you for your help.

B: **Don't mention it.**

A: 手伝っていただきありがとうございました。

B: どういたしまして。

☑ 018

Don't worry (about it).　　（そんなこと）心配するな。

例 **A**: I'm sorry I have deleted the file.

B: **Don't worry about it.** I have a copy of it on my computer.

A: ファイルを消去してしまってすみません。

B: 心配しないで。私のパソコンにそのファイルのコピーがあるから。

☑ 019

Exactly.　　　その通り。

例 **A**: You mean he is to blame?

B: **Exactly.**

A: 彼が悪いって言うの？

B: その通り。

☑ 020

Excuse me, but ....　　　すみませんが、…。

例 **A**: **Excuse me, but** can I sit here?

B: Sure. Go ahead.

A: すみませんが、ここに座ってもいいですか。

B: ええ。どうぞ。

☑ 021

Good luck.

幸運を祈ります。

例 **A**: I have several tests tomorrow.

B: I know you have been studying very hard. **Good luck.**

A: あしたテストがあるんだ。

B: 一生懸命勉強してたものね。うまくいきますように。

☑ 022

Guess what!

(話の切り出しで)あのね！

例 **A**: **Guess what!** I got a boyfriend.

B: Congratulations.

A: あのさあ！　私，彼氏ができたの。

B: おめでとう。

☑ 023

have got to *do*

〜しなければならない

例 **A**: Would you like some more coffee?

B: Sorry, but I**'ve got to** go now.

A: コーヒーをもう少しどう？

B: 悪いけど，もう行かなくちゃいけないんだ。

☑ 024

Here we are.

さあ着きましたよ。

例 **A**: **Here we are** at the hotel.

B: It's been a long drive.

A: さあホテルに着いたよ。

B: 長いドライブだったね。

☑ 025

Here you are.

(人に物を手渡して)さあどうぞ。

例 **A**: I've got a present for you. **Here you are.** I hope you like it.

B: Thanks. Can I open it?

A: 君にプレゼントがあるんだ。さあどうぞ。気に入ってくれるといいけど。

B: ありがとう。開けてもいい？

Here's ～ .

～をどうぞ。, ほら～ですよ。

例 **A**: **Here's** your juice, John**.**
B: Thanks, Maki.
A: ジョン, ジュースをどうぞ。
B: ありがとう, マキ。

Hold on (a minute, please).

待ってください。, (電話で)切らずにいてください。

例 **A**: Can I speak to Bob?
B: **Hold on**, Tim**.** He's coming.
A: (電話で) ボブはいますか。
B: 待ってね, ティム。今来るから。

How about ～ ?

～はどうですか。

例 **A**: Where should we go next Sunday?
B: **How about** going to the zoo**?**
A: 今度の日曜日はどこに行こうか。
B: 動物園に行くのはどう?

How come?

なぜ?

例 **A**: Tom is quitting the soccer club.
B: **How come?**
A: トムはサッカークラブを辞めるよ。
B: どうして?

How was ～ ?

～はどうでしたか。

例 **A**: **How was** your trip to Hokkaido**?**
B: It was great.
A: 北海道旅行はどうだった?
B: 素晴らしかったよ。

会話編

RANK

会話表現

☑ 031

I (only) wish I knew ～.　　～を知っていればなあ。

例 **A**: Are you going to send her an e-mail?
B: No, but I'd like to. **I only wish I knew** her address.
A: 彼女にメールを送るの？
B: いいや。そうしたいけどね。彼女のアドレスを知ってさえいればなあ。

☑ 032

I bet ....　　きっと…だ。

例 **A**: I want the same bag that actress has.
B: **I bet** it's very expensive.
A: あの女優が持っているのと同じバッグが欲しいな。
B: きっとすごく高いよ。

☑ 033

I can't believe it.　　信じられない。

例 **A**: They got divorced.
B: **I can't believe it.** They were such a good couple.
A: 彼らは離婚したよ。
B: そんなばかな。いい夫婦だったのに。

☑ 034

I can't help it.　　私にはどうしようもない。

例 **A**: You shouldn't shout at your dog.
B: I know. But **I can't help it.**
A: 犬に向かって怒鳴るんじゃないよ。
B: 分かってるけど，つい抑えられなくて。

☑ 035

I didn't mean it.　　そんなつもりではなかった。

例 **A**: You said I was wrong, didn't you?
B: Yes, but **I didn't mean it.**
A: 私が悪いんだって言ったよね。
B: ああ，でもそういうつもりではなかったんだ。

036 I don't care if ... or not.

…であろうとなかろうと構わない。

例 **A**: I don't think he's coming.

B: **I don't care if** he comes **or not.**

A: 彼は来ないと思う。

B: 彼が来ようと来まいと構わないよ。

037 I doubt it.

どうだろうね。

例 **A**: Do you think you will pass the exam?

B: **I doubt it.**

A: 試験に受かると思う？

B: そうは思えないなあ。

038 I guess ....

…だと思う。

例 **A**: It's raining outside.

B: Really? **I guess** we should play tennis tomorrow then.

A: 外は雨が降っているよ。

B: 本当に？それならテニスをするのはあしたにすべきだと思うね。

039 I have to say[admit/ confess] ....

…だと言わざる[認めざる]を得ない。

例 **A**: I got a prize for my paper.

B: **I have to admit** you're a hard worker.

A: 論文で賞を取ったよ。

B: 君が努力家だと認めざるを得ないね。

040 I really appreciate it.

大変感謝します。

例 **A**: I'll help you with your task.

B: Thank you. **I really appreciate it.**

A: 作業を手伝いますよ。

B: ありがとうございます。大変感謝いたします。

□ 041

I wish I could *do*.

〜できたらいいのに。

例 **A**: What kind of animal do you like?

B: Birds. **I wish I could** fly like a bird.

A: どんな動物が好きですか。

B: 鳥です。鳥のように空を飛べたらなあ。

□ 042

I wish you had *done*.

あなたが〜していてくれたらと思う。

例 **A**: He didn't come to the party. **I wish you had** called him.

B: Sorry, I was too busy and forgot to.

A: 彼はパーティーに来なかった。君が彼に電話していてくれたらなあ。

B: ごめん，すごく忙しくて忘れちゃったんだ。

□ 043

I wonder if[whether] ….

…かなと思う。

例 **A**: **I wonder if** they won the game.

B: Yes, they did. I read about it on the Internet.

A: 彼らは試合に勝ったのかな。

B: うん，勝ったよ。インターネットでそれに関して読んだよ。

□ 044

I'd appreciate it if you could *do*.

〜していただけるとありがたいのですが。

例 **A**: I have a lot of work to do today. **I'd appreciate it if you could** help me.

B: Okay. What shall I do first?

A: 今日は仕事がたくさんあるんです。手伝っていただけるとありがたいのですが。

B: 分かりました。まず何をすればいいですか。

□ 045

I'd be happy to *do*.

喜んで〜する。

例 **A**: This is my first visit to this castle.

B: **I'd be happy to** guide you around.

A: この城には初めて来ました。

B: 喜んでご案内いたしましょう。

I'd like 〜 .

〜が欲しいのですが。

例 **A**: **I'd like** an orange juice, please.
B: Sure. Here you are.
A: オレンジジュースを下さい。
B: かしこまりました。さあどうぞ。

I'd like to have 〜 .

〜を下さい。

例 **A**: **I'd like to have** your telephone number, please.
B: Certainly.
A: 電話番号を教えていただけますか。
B: いいですよ。

I'd like to have A *done*.

Aを〜してもらいたいのですが。

例 **A**: **I'd like to have** this cellphone repaired.
B: Certainly.
A: この携帯電話を修理してほしいのですが。
B: かしこまりました。

049

I'd like you to *do*.

あなたに〜してほしいのですが。

例 **A**: **I'd like you to** mail this letter for me.
B: Okay. I'll mail it on my way home.
A: この手紙を投函してほしいのですが。
B: 分かりました。帰宅途中で出しておきます。

I'd rather *do*.

むしろ〜したい。

例 **A**: Let's go to see his latest movie.
B: **I'd rather** watch it on DVD at home.
A: 彼の最新映画を見に行こう。
B: 私は家で DVD で見る方がいいな。

☑ 051 I'd really appreciate that.

大変感謝いたします。

例 **A**: I'm ready to lend you some money if you don't have any.

B: Thank you. **I'd really appreciate that.**

A: お金がないならいくらか貸しましょう。

B: ありがとうございます。大変感謝いたします。

☑ 052 I'd say (that) ....

…でしょうね。

例 **A**: He looks unusually happy, doesn't he?

B: **I'd say** he's going out with her today.

A: 彼，妙にうれしそうじゃない？

B: たぶん今日は彼女とデートなんじゃないかな。

☑ 053 I feel like *do*ing.

～したい気がする。

例 **A**: Why don't we go to karaoke?

B: Sorry, but I don't **feel like** singing today.

A: カラオケに行かない？

B: ごめん，今日は歌いたい気分じゃないんだ。

☑ 054 I have no idea (that) ....

…とは見当もつかない。

例 **A**: I got third prize in yesterday's marathon.

B: Congratulations, but **I had no idea that** you could run that long.

A: 昨日のマラソンで 3 位になったよ。

B: おめでとう。でも君がそんな長距離を走れるなんて思いも寄らなかったよ。

☑ 055 I'll be back in a minute.

すぐに戻ります。

例 **A**: Have you bought your ticket?

B: Not yet. I'm going to go and get it now. Wait here. **I'll be back in a minute.**

A: もうチケットは買ったの？

B: まだ。今買ってくるからここで待ってて。すぐ戻るから。

056

I'll be sure to *do*.

必ず〜します。

A: Next time you come here, can you call me in advance?

B: **I'll be sure to** do that.

A: 今度ここに来るときは事前に電話をもらえますか。

B: 必ずそうするようにします。

I'll come.

(そちらへ)行きます。

A: Why don't you come to my house and watch a DVD?

B: Okay. **I'll come** after lunch.

A: うちに来て DVD を見ないか。

B: うん。お昼を済ませたら行くよ。

I'll do it right away.

今すぐやります。

A: Can you install some software on my computer?

B: Sure. **I'll do it right away.**

A: 私のパソコンにソフトウエアをインストールしてくれる？

B: はい。今すぐやります。

059

I'm afraid ....

申し訳ないですが…。, 残念
ながら…。

A: Can I exchange this shirt for a blue one?

B: **I'm afraid** we have only red ones left here.

A: このシャツを青いのに取り換えてもらえますか。

B: 申し訳ないですがここには赤い物しか残っていません。

I'm afraid not.

残念ながらそうではないよう
です。

A: Can we finish the task by tomorrow?

B: **I'm afraid not.**

A: その作業をあしたまでに終えられるだろうか。

B: ちょっと無理だと思うな。

会話編

RANK

会話表現

☑ 190

I'm calling about ～ .

～の件でお電話しました。

例 **A**: Jason's shoe store.

B: Hello. **I'm calling about** the shoes I bought yesterday.

A: ジェイソンズ靴店です。

B: もしもし。昨日購入した靴に関してお電話しました。

☑ 191

I'm looking for ～ .

～を探しています。

例 **A**: How can I help you?

B: **I'm looking for** new glasses.

A: いらっしゃいませ，何かお探しですか。

B: 新しい眼鏡を探しています。

☑ 192

I'm not sure ....

…ははっきりとはしていない。

例 **A**: You'll come to the party, won't you?

B: **I'm not sure** if I can. I have a lot of things to do that day.

A: 君もパーティーに来るよね。

B: 行けるかどうかはっきりしないんだ。その日はやることがたくさんあってね。

☑ 193

I'm sorry to hear that.

それはお気の毒に。

例 **A**: I broke my leg, so I couldn't go to Hawaii.

B: **I'm sorry to hear that.**

A: 足を骨折しちゃってハワイに行けなかったよ。

B: それはお気の毒にね。

☑ 194

I'm sorry, but ....

申し訳ないですが，…。

例 **A**: Can I take pictures here?

B: **I'm sorry, but** taking pictures is prohibited in this building.

A: ここで写真を撮ってもいいですか。

B: 申し訳ありませんが，建物内での撮影は禁止されております。

066

I'm sure ....

…と確信している。, きっと…
と思う。

例 **A**: How do you think the game is going to turn out?

B: **I'm sure** the Bulls will beat the Bears soundly.

A: 試合はどうなると思う？

B: きっとブルズがベアーズをこてんぱんにやっつけるよ。

I was wondering if you could *do*.

…していただけますか。

例 **A**: **I was wondering if you could** drive me to the city hall.

B: Sure. No problem.

A: 市役所まで車で乗せて行ってもらえないかな。

B: いいよ。お安いご用だ。

I've got to *do*.

〜しなければならない。

例 **A**: Sorry, but **I've got to** go now.

B: Oh, okay. See you.

A: すまないけど, もう行かなくては。

B: ああ, なるほど。それじゃあね。

If I were you, ...

もし私があなただったら,
…。

例 **A**: I'm going swimming now.

B: **If I were you,** I wouldn't do that in this rain. You'll catch a cold.

A: 今から泳ぎに行くの。

B: 私だったら, この雨の中そんなことしないな。風邪をひいちゃうよ。

if you don't mind

よろしければ

例 **A**: Open all the windows, **if you don't mind**.

B: Sure.

A: できたら窓を全部開けておいてもらえる？

B: 分かりました。

会話編

RANK

会話表現

☑ 071

It can't be helped.

仕方がないね。

例 **A**: No trains are running. We'll be late for the meeting.

B: It's snowing too heavily. **It can't be helped.**

A: 全列車が止まっているよ。会議に遅れてしまう。

B: 大雪だからね。どうしようもないよ。

☑ 072

It (all) depends.

それは時と場合による。

例 **A**: Would you like to go to a movie on next Sunday?

B: **It depends.** If I finish my homework, I can go.

A: 次の日曜日に映画に行かない？

B: それはその時の状況によるよ。宿題が終わったら行けるよ。

☑ 073

It doesn't matter ....

…は構わない。

例 **A**: Your parents won't let you go.

B: **It doesn't matter** what they say**.** I will study in France.

A: 君の両親は行かせてくれないだろう。

B: 親が何と言おうと構わないよ。僕はフランスへ留学するんだ。

☑ 074

It's[That's] a shame.

残念だ。

例 **A**: Guess what! The coffee shop on the corner closed.

B: **That's a shame.** I'm a big fan of their coffee.

A: ねえ！角のコーヒーショップが閉店したよ。

B: 残念だなあ。あそこのコーヒーが大好きなのに。

☑ 075

(It's) my pleasure.

どういたしまして。

例 **A**: Thank you very much for everything.

B: **It's my pleasure.** Come see us again.

A: 何から何までどうもありがとうございました。

B: どういたしまして。また来てくださいね。

076

It's on me.

(それは)私のおごりです。

例 **A**: Order anything you want to eat. **It's on me.**

B: Thank you very much.

A: 食べたいものを何でも頼んでね。おごるから。

B: どうもありがとう。

It's up to you.

あなた次第です。

例 **A**: When should we start?

B: Anytime is okay. **It's up to you.**

A: いつ始めましょうか。

B: いつでもいいですよ。あなたにお任せします。

I see what you mean, but ....

あなたの言いたいことは分かるが、…。

例 **A**: The sofa would look better over there.

B: **I see what you mean, but** then the side tables won't fit.

A: そのソファはあそこの方がいいわ。

B: 言いたいことは分かるが、そうするとサイドテーブルが収まらないよ。

会話編

RANK

会話表現

I'd love to.

ぜひともそうしたいです。

例 **A**: Do you want to go to the park with us, Rose?

B: Sure. **I'd love to.**

A: ローズ、私たちと一緒に公園に行かない？

B: ええ。ぜひとも。

Let me *do*.

～させてください。

例 **A**: Sorry, we're fully booked that night.

B: I see. Please **let me** know if you have a cancellation.

A: 申し訳ございません、その晩は予約でいっぱいです。

B: そうですか。キャンセルがあったら教えていただけますか。

☑
081

Let me check. 確認いたします。

例 **A**: I'm looking for a room for tonight.

B: **Let me check.** I'm sorry, but we have no vacancies tonight.

A: 今夜泊まれる部屋を探しているのですが。

B: お調べいたします。申し訳ございませんが、今夜は空き部屋がございません。

☑
082

Let me guess. 当てさせて。

例 **A**: We had the best time yesterday!

B: **Let me guess.** You went to an amusement park, right?

A: 昨日私たちは最高に楽しい時を過ごしたの！

B: 当てさせて。遊園地に行ったんでしょ、違う？

☑
083

Let me see. ええと。

例 **A**: I want a printer that's suitable for printing pictures.

B: **Let me see.** Well, what do you think of this one?

A: 写真のプリントに適したプリンターが欲しいのですが。

B: そうですねえ。ではこちらはいかがでしょうか。

☑
084

make it 間に合う, 成功する

例 **A**: Hello, John. Where are you now? I've already arrived at the station.

B: Hi, Bill. I'm still at my house, but I'm sure I can **make it** to the station on time.

A: もしもし、ジョン、今どこ？僕はもう駅に着いているよ。

B: やあ、ビル。まだ家にいるけど、間違いなく時間通りに駅に行けるよ。

☑
085

make sure to *do* 確実に〜する

例 **A**: You left the lights on in the room.

B: I'll **make sure to** turn them off next time.

A: 部屋の電気がつけっぱなしでしたよ。

B: 次回は必ず消します。

086 May I leave a message?

伝言をお願いしてもよろしいですか。

例 **A**: I'm sorry, but Jessie is out now.

B: Okay. **May I leave a message** for her**?**

A: ごめんなさい，ジェシーは今外出中なの。

B: 分かりました。彼女に伝言をお願いできますか。

087 May I take your order?

(レストランなどで)ご注文を伺ってもよろしいですか。

例 **A**: **May I take your order?**

B: Yes. I'd like a chicken burger and a coke.

A: ご注文を伺ってもよろしいでしょうか。

B: はい。チキンバーガーとコーラをお願いします。

088 Me, neither.

私も～ない。

例 **A**: I don't like that actor.

B: **Me, neither.**

A: あの俳優は好きじゃないな。

B: 私も。

089 No problem.

どういたしまして。，構いません。

例 **A**: Thanks for helping me with my homework.

B: **No problem.**

A: 宿題を手伝ってくれてありがとう。

B: お安いご用だよ。

090 Not at all.

どういたしまして。

例 **A**: Thank you very much.

B: **Not at all.**

A: どうもありがとう。

B: どういたしまして。

☑
091

Not really.

それほどでもないです。

例 **A**: Did you enjoy the concert?
B: **Not really.**
A: コンサート楽しかった？
B: あんまり。

☑
092

Of course.

もちろん。

例 **A**: Can I have some cookies?
B: **Of course.** Take as many as you want.
A: クッキーを頂いてもいいですか。
B: もちろん。欲しいだけ取ってね。

☑
093

Really?

本当に？

例 **A**: I got first prize at yesterday's karaoke contest.
B: **Really?** Congratulations!
A: 昨日のカラオケコンテストで優勝したよ。
B: 本当？おめでとう！

☑
094

Should I *do*?

～した方が良いですか。,
～しましょうか。

例 **A**: **Should I** finish this task today**?**
B: No, you don't need to. Tomorrow is okay.
A: この作業は今日終わらせた方が良いですか。
B: いえ，その必要はありません。明日で結構ですよ。

☑
095

Take it easy.

のんびりやる。，気楽にする。

例 **A**: I'm practicing tennis every day for the competition.
B: **Take it easy**, Tom**.**
A: 大会に備えて毎日テニスの練習をしているんだ。
B: あまり根を詰めないで，トム。

096 Thank you for *do*ing. ～してくれてありがとう。

A: **Thank you for** help**ing** me paint the wall.
B: You're welcome. I enjoyed it.
A: 壁のペンキ塗りを手伝ってくれてありがとう。
B: どういたしまして。楽しかったよ。

097 Thanks, anyway. でも, ありがとう。

A: Here, have some cookies, Ann.
B: I'd better not, Bill. I'm on a diet now. **Thanks, anyway.**
A: アン, クッキーをどうぞ。
B: やめておくわ, ビル。今ダイエット中なの。でも, ありがとうね。

098 That sounds great. それは良さそうだね。

A: Why don't we go to the park, Cathy? They are having a food festival there.
B: **That sounds great.**
A: キャシー, 公園に行かない? フードフェスティバルをやっているわよ。
B: それはいいわね。

会話編
RANK
会話表現

099 That sounds like a good idea. それはいい考えのようだね。

A: Let's take a train to Shinjuku, first. Then we can take a bus to the hall.
B: **That sounds like a good idea.** It's probably the easiest way to get there.
A: まず新宿までは電車で行こう。そこから会館まではバスで行ける。
B: いい考えだろうね。たぶんそれが一番簡単な行き方だよ。

100 That's too bad. それは残念だ。, お気の毒に。

A: I heard that Friday night's concert was canceled.
B: Really? **That's too bad.** I'm a big fan of theirs.
A: 金曜の夜のコンサートは中止になったそうだよ。
B: 本当に? 残念だなあ。彼らのコンサート大好きなのに。

☑ 101 That's very kind of you.

ご親切にどうもありがとう。

例 **A**: I'll drive you home.
   B: **That's very kind of you.**
   A: 家まで車で送りますよ。
   B: ご親切にどうも。

☑ 102 (The) chances are that ....

たぶん…だろう。

例 **A**: She didn't turn up.
   B: **Chances are that** she caught a cold.
   A: 彼女は現れなかったね。
   B: おそらく風邪をひいたんだろう。

☑ 103 The (only) problem is (that) ....

(ただ一つ)問題なのは…だ。

例 **A**: Tom, how do you like your soccer team?
   B: I like my teammates and coach. **The only problem is that** we have only eight players on the team.
   A: トム，君のサッカーチームはどう？
   B: チームメートやコーチは好きだよ。唯一，チームの選手が8人しかいないのが問題だ。

☑ 104 The pleasure is (all) mine.

どういたしまして。

例 **A**: Thank you for inviting me to the party.
   B: **The pleasure is all mine.**
   A: パーティーにお招きいただきありがとうございました。
   B: どういたしまして。

☑ 105 To tell (you) the truth, ...

実を言うと，…。

例 **A**: Do you want some more kimchi?
   B: No thanks. **To tell you the truth,** I don't really like spicy food.
   A: キムチをもう少しいかがですか。
   B: いいえ，結構です。実を言えば，辛い食べ物はあまり好きではないんです。

106

What about you?

あなたはどうですか。

例 **A**: Have you finished your homework, Rachel?

B: Not yet. **What about you**, Ron**?**

A: レイチェル，宿題は終わったかい。

B: まだよ。あなたの方はどうなの，ロン。

What do you say to ～?

～はどうですか。

例 **A**: **What do you say to** having dinner with us, Helen**?**

B: I'd love to.

A: ヘレン，私たちと一緒に夕食はどう？

B: ぜひとも。

What do you think about ～?

～をどう思いますか。

例 **A**: **What do you think about** my new shoes**?**

B: I like them. They match your clothes perfectly.

A: 私の新しい靴どう？

B: いいね。服とのマッチングもばっちりだよ。

109

What's the matter?

どうしたのですか。

例 **A**: I can't walk anymore.

B: **What's the matter**, Mike**?** Do your legs hurt?

A: もう歩けないよ。

B: どうしたの，マイク。足が痛いの？

What's up?

どうしたの？, 最近はどう？

例 **A**: Hi, Ken. **What's up?**

B: Hi, Rod. I'm looking for my cat. Have you seen him?

A: やあケン。どうしたの？

B: やあロッド。うちの猫を捜してるんだ。見掛けなかった？

会話編

RANK

会話表現

☑ 111

What's wrong with 〜?　　〜はどうかしたのですか。

例 **A**: **What's wrong with** your computer**?**
　 B: It doesn't work at all.
　 A: あなたのパソコンどうかしたの？
　 B: 全然動かないんだよ。

☑ 112

What's wrong?　　どうかしたのですか。

例 **A**: **What's wrong?** You look very sad.
　 B: Our parrot died last night.
　 A: どうかしたの？すごく悲しそうだけど。
　 B: うちのオウムが昨晩死んじゃったの。

☑ 113

Why don't I *do*?　　(私が)〜しましょうか。

例 **A**: Your bag seems heavy. **Why don't I** carry it for you**?**
　 B: That's very kind of you.
　 A: かばんが重たそうですね。持ってあげましょう。
　 B: ご親切にどうもありがとう。

☑ 114

Why don't we *do*?　　(一緒に)〜しませんか。

例 **A**: Tomorrow is Sarah's birthday. **Why don't we** go buy some presents for her**?**
　 B: Sure. Let's go to the shopping mall.
　 A: あしたはサラの誕生日だね。彼女のプレゼントを買いに行こうよ。
　 B: そうね。ショッピングモールへ行きましょう。

☑ 115

Why don't you *do*?　　〜したらどうですか。

例 **A**: Do you know Sue's e-mail address?
　 B: No, but **why don't you** ask Emma**?** I think she knows it.
　 A: スーのメールアドレス知ってる？
　 B: ううん。エマに聞いてごらんよ。知ってると思うよ。

☑ 116 Why not?

（否定文に対して）どうしてですか。

例 **A**: She didn't go to see the movie.
B: **Why not?** I thought she liked the director.
A: 彼女は映画を見に行かなかったよ。
B: 何で？あの監督のことを好きだと思ってたけど。

☑ 117 Would you mind *do*ing?

〜していただけませんか。

例 **A**: **Would you mind** open**ing** the door, please**?**
B: Of course not.
A: ドアを開けていただけませんか。
B: ええ，いいですよ。

☑ 118 You can't miss it.

すぐ見つかりますよ。

例 **A**: Do you know where her office is?
B: Yes. It's down this street. There is a big sign, so **you can't miss it.**
A: 彼女の会社がどこにあるか知っていますか。
B: ええ。この通りを行ったところにあります。大きな看板があるのですぐ分かりますよ。

☑ 119 You'd better *do*.

〜すべきだ。，〜した方がいい。

例 **A**: I bought a box of assorted chocolates.
B: **You'd better** cut down a little**.** You're eating too many sweets.
A: チョコレートの詰め合わせを1箱買ったよ。
B: 少し控えなさいよ。甘いものを食べ過ぎよ。

☑ 120 You're welcome.

どういたしまして。

例 **A**: Thank you for the present.
B: **You're welcome.** I'm glad you like it.
A: プレゼントをどうもありがとう。
B: どういたしまして。気に入ってくれてうれしいよ。

この章の学習記録を付ける

覚えたことを定着させるには、「繰り返し復習すること」が大切です。
この章の学習を一通り終えたら、下の学習記録シートに日付を書き
込み、履歴を残しましょう。

1	2	3	4	5	6	7	8	9	10
/	/	/	/	/	/	/	/	/	/
11	12	13	14	15	16	17	18	19	20
/	/	/	/	/	/	/	/	/	/
21	22	23	24	25	26	27	28	29	30
/	/	/	/	/	/	/	/	/	/
31	32	33	34	35	36	37	38	39	40
/	/	/	/	/	/	/	/	/	/
41	42	43	44	45	46	47	48	49	50
/	/	/	/	/	/	/	/	/	/

MEMO

単語編 さくいん

※この本に出てくる見出し語をアルファベット順に配列しています。
※数字は見出し語の掲載順の番号です。

H
I
J
K
L

R
S

S
T
U
V
W

Y

〉熟語編 〈 さくいん

B
C